渡部昇一

本を読まないと
バカになる！

知的読書の技術

ビジネス社

第1章 読書のすすめ

Ⅰ ネット時代の読書
読書とインターネット……12
読書は「精神の食べ物」である……15
Ⅱ 読書の感激
読書で知った「新しい世界」……18
『三国志物語』に没頭……21
漢文に目覚める……24
「活字の船」に乗って大海原へ……27
留学体験と読書……28
オックスフォードで気づいたこと……31
アメリカでの乱読体験……35
英語の本で感動できた！……38

二十年かけて英語の本の面白さを体得した……40

第2章 読書のコツ

Ⅰ 読書の習慣
漫画でもいいから本に親しむ……44
ルビの見直しも必要……47
恩師・佐藤順太先生……50
Ⅱ 本は買うべし
本の活用法……53
身銭を切る効用……55
古本屋通いの効用……58
Ⅲ 本の品定め
馴れればわかる本の善し悪し……61

漱石と漢文……63
本選びは「己に忠実であれ」……65
漱石との出会い……68

Ⅳ 愛読書について

愛読書とは何か……71
わが座右の書……72

第3章 読書の技術

Ⅰ 読書メモの取り方

渡部流メモの取り方……82
「面倒なことはしない」というルールづくり……85

Ⅱ 目次・索引の利用法

独自に索引を追加すると充実……87

Ⅲ　**難解な本との付き合い方**
難解な本も一皮むけば……91
難解な本のネタ本を知る……93

Ⅳ　**速読について**
読書のスピードは本次第……98
読書会の功罪……99
口述本を軽視すべきではない……103

第4章　読書の周辺

Ⅰ　**読書と人間**
人間とは何か――ふたつの「量子的跳躍」……108
「不滅の霊魂」について……111
読書は最も人間的な営みである……114

II 読書と経験

「昭和史」論の原点は佐々木邦の小説……117
公職追放を促進した「赤い人たち」……121
戦前の左翼たち……124
戦後日本に凱旋した反日教授……126
歌謡曲からもわかる「戦前の日本」……129

III 読書と時代

ハマトン『知的生活』との出会い……134
『知的生活の方法』の舞台裏……138
知的生活の大切さ……140
ハマトンはどう読まれてきたか……143

IV 読書と発見

古い百科事典は貴重だ……148
『ブリタニカ』第三版補巻の豪華執筆陣……150
本家に先駆けた「イギリス国学」の発見……153

サッチャー首相が飛びついたスマイルズの再評価……155
日本の「読書人の伝統」恐るべし……158

V 読書と注釈書・関連本
「積ん読」は必要悪……161
注釈書の思い出……162

VI 読書と辞書・事典
電子辞書より紙の辞書……168
「戦前」を知るには戦前の『三省堂百科事典』がお奨め……170
日本の国語辞典、人名辞典の水準……172

第5章 読書各論

I 古典の読み方
古典はまず教室で教えること……178

すべての日本人が古典のサワリを暗記するには――……180
私の暗記法……183

Ⅱ
小説をどう読むか
*Never Let Me Go*を読む……186
人間を深いところで揺さぶる「小説の力」……190
通俗小説から得た人生訓……193
小説は社会を映す……196
私の愛読小説……197

Ⅲ
詩の読み方
詩は知力を高める……200
和歌・俳句の読み方は萩原朔太郎に学んだ……202

Ⅳ
教養書・洋書との付き合い方
自分の栄養になれば教養書……207
洋書は音読せよ……208

付録 無人島へ持って行く十冊

前提条件として――……212
「私の十冊」……215

本書は2007年9月に小社より刊行した
『楽しい読書生活』の新書版です。

第1章

読書のすすめ

I ネット時代の読書

読書とインターネット

いうまでもなく現代はインターネットの時代であり、情報のネット化は日々進んでいます。インターネットを使えばたいてい情報は一瞬にして手に入れることができますから、情報を得るにはこれほど便利なものはありません。何か知りたいと思ったとき、そのキーワードを検索にかけるだけで、政治であれ経済であれ、医学や科学、美術や建築に関することであれ、たちどころに情報を得ることができます。本やCD、時計やチケットまで買うこともできる。

私自身、ネット上で本を探したり買ったりすることもあるほどです。

では、こうしたネット全盛時代に本を読むとはいったいどういうことなのでしょう。わざわざ本を買って読まなくても、新しい知識や情報はネット上で済んでしまうのに、なぜ本を読もうとするのか——。

まずここから考えてみたいと思います。

私は子供時代から本を読むことが好きでした。もちろんいまでも大好きです。ですから最近も「老いの愚」を発揮して、若いころから集めてきた本を全部ズラッと並べ、わが蔵書すべてに対面してから死にたいと考えたので、大きな借金をしてまで新しい書庫を建てました。広さは百坪ぐらい（百平方メートルではありません）。七十七歳（喜寿）にもなってなんという「愚」であろうかと、われながら情けなくなるような思いがこみ上げてくることが無くもありません。

情報を取り知識を確かめるのになぜ、一七七一年に刊行された初版から最新版まで『ブリタニカ』の百科事典（*Encyclopaedia Britannica*）を揃《そろ》え、ＯＥＤ（*Oxford English Dictionary.*『オックスフォード英語辞典』）の古い版から新しい版まで並べてみなければならないのか——。

そんな思いに捉《とら》われていたとき、たまたま友人が素晴らしいグレープフルーツを送ってきてくれました。食べてみると、じつにジューシーで甘くておいしい。そんなグレープフルーツを食べながら私はこう考えました。

このグレープフルーツにはビタミンＣがいっぱいだ。いい色がついているから、ひょっとしたらベータ・カロチンも入っているかもしれない。果肉《かにく》には食物繊維もあるだろう。

しかしそうした栄養素はサプリメントから、いとも簡単に摂取することができるではないか。ビタミンCだって、タブレットからであろうが粉末からであろうが、簡単に摂《と》ることができる。カロチンだって摂れる。すべてはサプリメントで間に合うのに、どうしておれはこのグレープフルーツを感激しながら食べているのか。

そこでハタと思い当ったのです。グレープフルーツを食べてビタミンCを摂るのと、サプリメントでビタミンCを摂ることの差が、「読書」と「インターネット情報」の差に相当するにちがいない、と。

栄養はすべてサプリメントから摂れることはわかっています。しかし私たちはやっぱり食べ物を食べます。それはなぜかといえば、「おいしいから」というのがいちばんの理由でしょう。栄養を摂るだけならサプリメントも要《い》らないくらいで、点滴でも十分です。それにもかかわらずおいしいものを食べたいと思う。それと同じように、情報だけならインターネットで十分なのに本を読むというのは、読書にはインターネットから得る情報とは別の要素があるからでしょう。インターネットよりもっと豊かな「何か」が読書という体験には隠されているにちがいありません。

読書は「精神の食べ物」である

本にはまず持ったときの重さがあります。ズラッと並べれば壮観です。装丁が素晴らしければ、それを眺める楽しみもあります。古い本であれば、ある時代を感じさせてくれます。さらに、ひと口に活字といってもいろいろな種類があるし、紙だって特別に選ばれた上質紙もあればザラ紙のような安っぽい紙もあります。本にはそれぞれ「味」があるわけです。カビっぽい匂《にお》いがいいことだってある。前に読んだ人が引いたアンダーラインを見ているとなにかほほえましい感じがしてくることもあります……。

そういうことを全部ふくめて一冊の書物はわれわれ愛書家に総合的な喜びを与えてくれます。単に情報を与えてくれるだけでなく、目の前に「本の世界」という小宇宙（ミクロコスモス）を繰り広げてみせてくれます。

いったい子供を育てるとき、栄養だけを考えてサプリメントや点滴で済ませる親がいるでしょうか。そんな親はいません。子供を育てるには、まず母乳にはじまって離乳食、次いでふつうの食事、それからリンゴをかじらせたり魚の骨をしゃぶらせたり……と、いろいろなものを食べさせます。そのとき子供はアゴを動かし、嗅覚《きゅうかく》をはたらかせる。また味覚を養い、テーブルの上に並べられたご馳走《ちそう》を見て視覚も楽しませる。五感すべてをはたらかせて食べるようになります。それによって子供は成長するのです。もし子供がサプリメントと点滴だけで育てられたなら、口やアゴも丈夫にならないだろうし、味覚、視覚、嗅覚その他の感覚もほかの人のようには発達しないでしょう。

その意味でいえば、本というのは「精神の食べ物」である。

インターネット情報はサプリメントにすぎない。

そこに思い至ったとき私は安心立命《あんじんりゅうめい》の境地に達しました。これで、これからも安心して本を買いつづけ、楽しんで本を読めると思いました。急いで情報を取らなければならないときはインターネットに頼るとしても、そうでないときは書斎の椅子《いす》にゆったり坐《すわ》って書物の世界に没頭《ぼっとう》しよう、と。

ところが、インターネットの普及とともに人々の読書時間はどんどん減っている。それが現状です。

数年前の「シチズン」の調査ですが、一週間のうちに「本を全然読まない」という人が一〇・三パーセント、「二時間以下」が二五・三パーセント。これは驚くべき数字です。一週間の読書時間が「二時間以下」というのは、ほぼ「読まない」ことに等しいから、一〇パーセントと二五パーセントを足すと三五パーセント。日本人の三分の一はほとんど読書をしていないことになります。若者たちは本を買うお金を携帯電話代などにまわしますから、読書時間はこれからも減る一方でしょう。

しかし繰り返せば、本は「精神の食べ物」なのです。安直な情報だけに頼っていたら日本人の精神は痩《や》せ細ってしまいます。それはやがて日本という国の体力や気力を衰《おとろ》えさせるにちがいありません。

私は危機感をいだきます。そこで以下、本の魅力も語りながら「読書」についてお話ししていきたいと思います。

II 読書の感激

読書で知った「新しい世界」

読書を語るときはやはり、自分が感激したときの体験から語るのがわかりやすいと思いますので、私が読書の感激を覚えたときのことを記しておきます。

絵本というのはいつの間にか見るようになって、きれいな絵や勇ましい絵を知らず知らずのうちに楽しんでいるものです。したがって、とくに面白さを実感した瞬間というものはありません。私の場合、絵本の面白さについての最初の記憶といったようなものはありません。

そうした絵本を見る時期をすぎ、活字だけの本を読むようになって初めて感激したときのことは非常にはっきりと覚えています。それは戦前、講談社（当時は「大日本雄弁会講談社」といった）から出ていた「少年講談」というシリーズ本の一冊、『一休和尚《いっきゅうおしょう》』でした。少しは挿絵《さしえ》も入っていたような気がしますが、ほとんど活字だけの本といっていいでしょう。それを読んで感激したときは、なにか「新しい世界」を知ったような気がしました。やや大袈裟《おおげさ》にいうならば――「文字の世界」という、古来、人間が積み上げてきた巨大な世界に自分もまた入ることができた、という喜びがこみ上げてきました。

『一休和尚』を読んだのは小学校四年生ぐらいのときだったと記憶しています。それは一休さんのいろいろな逸話を集めた本で、そのときめぐりあって幼心《おさなごころ》にも「妙だな」と思ったのは次のような歌でした。

闇《やみ》の夜に　鳴かぬ鴉《からす》の　声聞けば　生れぬ先の　父ぞ恋しき

あまりにも不思議に思ったので、いまでも記憶しているのです。闇夜のカラスといえば黒のバックに黒い姿だから見えないに決まっているし、鳴かないカラスの声なんて聞えるはずがない。生れる前の父親なんて、なおさらヘンだ。「おかしいナ、おかしいナ」と思いながらも、何かそこに深いものがあるような気がしたから、ずっと忘れないできたのでしょう。のちになって調べてみると、この歌はほんとうに一休禅《ぜん》師《じ》が詠《よ》んだ歌でした。一休さんは室町時代の禅僧ですから、おそらくは禅の公案にでものっとった歌なのでしょうが、それが子供向けの講談本に載っていたわけです。もちろん、一休さんといえばだれでも思い当る頓智話《とんちばなし》や笑い話もふんだんに出てきて、それで読書の楽しみを知るようになったのです。

そうした本を一冊読みあげると次から次へと読みたくなります。面白いから、という理由がひとつ、もうひとつは読書に自信がついてくるからです。

そうして私は講談本の世界にのめり込んでいきました。『宮本武蔵』も「少年講談」シリーズで読んだし、父親の敵討《かたきう》ちで有名な『田宮坊太郎《たみやぼうたろう》』もそうでした。

そこで私は少年講談のシリーズ本を全部集めてみようと決意しました。ところが小学校五年生のとき（昭和十六年）に大東亜戦争がはじまったので、新しい少年講談本はもう出版されません。戦争がはじまる前に出た本を古本屋で探すよりしようがない。そこで古本屋を丹念に探し歩きました。住んでいた鶴岡（山形県鶴岡市）だけでは足りなくなって、父親や親戚《しんせき》の人が東京や仙台、山形に行くというと、とにかく「古本屋へ行って何でもいいから少年講談を買ってきてください」と頼み込みました。そうして結局、それまで出ていた少年講談を全部集めました。

正確な記憶ではありませんが、五十冊近くになったのではないでしょうか。子供としては大きな仕事を達成したという充実感がありました。

そんな少年講談シリーズのなかでいちばん心を動かされたのは『真田幸村《さなだゆきむら》』でした。周知のように幸村は、猿飛佐助《さるとびさすけ》や霧隠才蔵《きりがくれさいぞう》らの「真田十勇士《さなだじゅうゆうし》」をかかえ、大坂冬の陣、夏の陣で豊臣方《とよとみがた》に味方して徳川勢を大いに悩ませた武将です。

真田幸村は大坂城へ入ると必勝の案を述べます。ところが、亡き秀吉《ひでよし》の側室であった淀《よど》君《ぎみ》や、その側近・大野治長《おおのはるなが》は聞く耳をもたない。せっかくの幸村の進言をしりぞけて大坂城籠城《ろうじょう》を主張する。そのため豊臣方は壊滅してしまうわけですから、私は読んでいるうちに悔しくなり、畳をドンドン叩《たた》いて、「コンチクショウ、コンチクショウ」とつぶやいていました。智将・真田幸村に任せておけば大坂城は落城しなかったのに、実戦経験のない大野治長たちが余計な口出しをするものだから豊臣方は徳川勢に負けてしまった。

私はそのくだりを何度も読み返してはいつも悔しさでいっぱいになりました。それほど自分の感情を籠《こ》めて夢中になって読んだのが『真田幸村』でした。

『三国志物語』に没頭

もちろん、集めたのは少年講談シリーズだけではありません。ユーモア小説で人気のあった佐々木邦《ささきくに》や冒険小説で有名だった南洋一郎《みなみよういちろう》、その他の作家たちの少年小説もいろいろ読みふけりました。

そのなかには少年向けの「世界名作物語」と題したシリーズもありました。これは全部集めたわけではありませんけれども、いちばん面白かったのは『三国志物語』でした。まさに「血湧《ちわ》き肉躍《にくおど》る」という形容がぴったりの本で、これも繰り返し繰り返し読んだものです。紙が磨《す》り減《へ》るぐらい読みました。

それは野村愛正《のむらあいせい》という小説家が上手《じょうず》にまとめた本で、私とほぼ同年の谷沢永一《たにざわえいいち》先生（評論家、関西大学名誉教授）も「子供のころ夢中になって読んだ」とおっしゃっていましたから、日本中の少年たちが熱狂した本といっても過言《かごん》ではないでしょう。じっさい、『三国志物語』は一世《いっせい》を風靡《ふうび》した本でした。

世界中の有名な物語はそのほかにもたくさん読みましたけれども、この『三国志物語』を超えるものはありません。それほど夢中になりました。

そうして『三国志物語』を徹底的に読んだおかげで読書の幅もずいぶん広がっていきました。

当時は『キング』という部厚い国民的雑誌があって、そこには毎号、伸ばすとかなりの長さになる折り込み付録が入っていました。そのうちのひとつに「唐詩選《とうしせん》」があって、それを読んだら、まだ小学生だったのに「わかった！」という気がしたのです。

折り込み付録はいまでも探せば出てくるかもしれませんが、最初の漢詩は「南楼望」という題でした。盧僎《ろせん》という人のつくった五言絶句《ごごんぜっく》です。

去国三巴遠（国ヲ去リテ三巴《サンバ》遠シ）
登楼万里春（楼ニ登レバ万里ノ春）
傷心江上客（心ヲ傷《イタ》マシム江上《コウジョウ》ノ客）
不是故郷人（是《コ》レ故郷ノ人ニアラズ）

国を去って三巴の地まではるばるやってきた。高殿《たかどの》に登ると、見渡すかぎり春の景色である。しかし自分は心が傷む。なんとなれば自分はこの土地の人間ではないからだ――といったほどの意味ですが、これを読んだとき「わかった！」という感じがしたのは、それまでに『三国志物語』を読み込んでいたのでシナの風景が私の頭のなかにでき上がっていたからだと思います。

シナ大陸の広々とした平原、そこを流れる雄大な川。その畔には高殿が建っている。そこには『三国志』の英雄・劉備玄徳《りゅうびげんとく》の姿が見えるようでした。そして「楼に登れば万里春なり」と声に出していってみると、ゆったりとした春景色が目に浮かんでくる……。

それがきっかけで、私は俄然《がぜん》、漢文や漢詩に興味をもつようになりました。

漢文に目覚める

したがって私は小学生のとき、「漢文を学びたい」という志を立てたことになります。五年生ぐらいのときだったと思います。そして一所懸命漢字の勉強をはじめました。それを見ていた姉が買ってくれた漢文の参考書が、（その本のことはいまでも覚えておりますが）塚本哲三《つかもとてつぞう》という人の『基礎漢文解釈法』でした。

「花開き、鳥啼《な》く」という文章は漢文では「花開、鳥啼」と書く、という初歩からはじまって、「正行《まさつら》は正成《まさしげ》の子なり」という文は「正行正成之子也」と書く、ということが丁寧に解説してありました。「兄が書を読む」とか「弟が字を習う」という文章の場合は「兄読書」とか「弟習字」と書き、「読書」「習字」のあいだには返点《かえりてん》をつけるという段階へ進んでいきます。

着実に一歩一歩、漢文の基礎がわかるように書いてありましたから、小学五年生ぐらいでもとくにむずかしいということはない。しかも遊び仲間の知らない漢文の世界が次々に目の前に開けてくるわけですから、こちらも面白くなります。ますます漢文が楽しくなってきます。

　私が朝早く起きると、母はもう朝食の準備をはじめています。昔はガスなどありませんから、メシを炊くときは絶えずかまどに柴《しば》をくべ、薪《まき》をくべなければなりません。そこで私は柴や薪をくべながら、毎朝かまどの前で漢文の勉強をつづけたのです。

　そんなときぶつかったのが、『日本外史《にほんがいし》』で有名な頼山陽《らいさんよう》の子供時代の文章でした。いまでも覚えております。

男子学バザレバ、スナハチ已《ヤ》ム。学ババ当《マサ》ニ羣《グン》ヲ超《コ》ユベシ。今日《コンニチ》ノ天下ハナホ古昔《コセキ》ノ天下ノゴトキナリ。今日ノ民ハ、ナホ、古昔ノ民ノゴトキナリ。古《イニシヘ》ノ賢聖孔孟ノ如キ者モマタ一男児ノミ。ワレ東海千載《センザイ》ノ下《モト》ニ生《ウマ》ルトイヘドモ、生レテ幸《サイハヒ》ニ男児タリ。イヅクンゾ奮発シテ、志ヲ立テ、モッテ国恩ニ答ヘ、モッテ父母ヲ顕《アラハ》サザルベケンヤ。

冒頭は――人間、勉強をしなかったら、もうそこで終ってしまう。しかし勉強をつづけていれば、「羣」つまり「群」（一般大衆）を超えることができるという意味です。そして頼山陽は「汝《ナンジ》草木ト同ジク朽《ク》チント欲スルカ」と紙に書いて壁に貼《は》って勉強したといいます。「ぼんやり一生を送れば、草や木の如く枯れてしまうだけだぞ」という言葉は幼い私の心をぞーっとさせました。

私はすっかり頼山陽に刺激されて、冒頭の文句を紙に書いて机の前の壁に貼りつけました。

男子不学則已
学則当超羣矣

そんなこともあって私は、漢文や漢字がやたらに好きになりました。当然、『基礎漢文解釈法』に出てくるくらいの漢文はラクに読めるようになる。だから旧制中学に入ってからも、漢文は何も勉強しないでも良い成績でした。

「活字の船」に乗って大海原へ

探偵小説作家の江戸川乱歩《えどがわらんぽ》はかつて「活字の船」といいました。読書というのは活字という船に乗って大きな海に乗り出すことである、という意味です。

この言葉を知ったとき私は、まさに言い得て妙であると感じ入りました。じっさい、文字だけを読んで「これは面白い」と思うのはやはりかなり高度な作業なのです。抽象性の度合が絵本を見るのとはまるでちがいます。絵であれば、見ればすぐわかりますが、文字はそうはいきません。イメージは自分の頭のなかでつくらなければいけない。しかしそうだからこそ、絵本のように描かれた絵に捉《とら》われることはありません。自分の好きなように空想力の翼を広げることができます。その意味でも読書とは、まさに乱歩がいっているように、活字という船に乗って異次元の世界にまで漕《こ》ぎ出ることなのです。

子供時代の私もそんな活字の船に乗って『一休和尚』という港を出発し、『三国志物語』へ進み、いつの間にか数百年前のシナ人が書いた第一級の詩にまで漕ぎつけていたのでした。

私が漢文を勉強しようと思ったとき、教えてくれる人はだれもいませんでした。「漢文を勉強したほうがいいよ」と、アドバイスしてくれる人が周囲にいたわけでもありません。自分ひとりで活字の海に乗り出したら、そこまで辿《たど》りついてしまったのです。インターネットだけから情報を得ていたら、こういう発展の仕方がありえたでしょうか。そんなことは絶対にありえなかったと思います。

ここが食べ物とサプリメントとのちがいです。

食べ物を食べていると、もっともっとおいしいものを食べたくなります。それと同じように、本も読んでいると、「あれも読みたい、これも読みたい」と興味がどんどん広がっていくのです。おいしい料理を食べつづけていると味に対する感覚が研ぎ澄まされていくように、読書も持続していると読解力もついてきます。だからますます本を読むことが楽しくなっていく。

こうして人は「活字の海」へ乗り出していくのです。

留学体験と読書

少年のときに読書の感動を知ったことは私の大きな財産になりました。

その後、英語を勉強するようになってからも、その経験は非常に役に立っています。というのも、外国語の本を読んで心の底から感動したいという思いが私の勉強の原動力のひとつになったからです。少し長くなりますが、その体験談を記しておきましょう。

私が入ったころの上智大学（昭和二十四年）はさながら塾のような学校で、英文科は四年生がふたり、三年生はひとり、二年生が少し多くて十数人という程度でしたから、勉強をする環境としてはベストでした。しかも、英文科には優れた先生がそろっていました。外国人の先生も多かったのでレポートや試験は英語で書かされたものです。そのおかげで、試験の答案も一時間半ぐらいの時間のなかでちゃんと英語で書けるようになりました。英語はかなり上達したといっていいでしょう。

卒業論文、修士論文ももちろん英語で書きましたが、とりわけ修士論文のレベルはかなりの程度のものであったと自負しております。

というのも、こんなことがあったからです。

上智の大学院を出てからドイツへ留学させてもらったとき（昭和三十年）、私はミュンスター大学へ行くと、カール・シュナイダー教授に面会し、「博士論文を書きたいので指導してください」と頼み込みました。すると教授は「何か書いたものがあったら見せて欲しい」といいます。それも当然でしょう。東洋からやってきたばかりで、まだドイツ語も話せない男が、「文献学の博士論文を書きたい」といったわけですから、さぞ驚かれたことだろうと思います。そこで私はすぐに上智大学から修士論文を送ってもらいました。それは英語で書かれていましたから、シュナイダー教授もそれを読んで、「博士論文に取りかってよろしい」と許可を与えてくれました。

いまから見れば、英語の文章自体は単純だったと思います。しかし文章は明快で、言わんとしていることもよくわかる論文だったはずです。だからこそシュナイダー教授も、博士論文をはじめてもいいといってくれたのです。

私は、「レコード破り」といってもいいほどのスピードで博士号を取りました（昭和三十三年）。

当時、ドイツで論文を書くには最低二年間――すなわち四学期間の滞在が義務づけられていましたが、私はその最短期間で学位論文を書き上げたのです。その秘密はいっさい下書きをしないということにありました。

まず、書きたいことを英語で頭に浮かべる。それに相当するドイツ語の構文を考えつくと、いきなり書いてしまう。それをあとから読み直して朱《しゅ》を入れるのです。そういう方法を選んだので、書きはじめてから三百ページの論文を書き上げるまで一年もかかりませんでした。途中で調べものをしながら書いていきましたから、実際に執筆にかかった日数はもっとずっと少なかったはずです。

もし下書きをしていたらとてもこんな短い時間では書けなかったと思います。げんに、私のように速く書き上げた文科系の日本人留学生はいないようです。みな、下書きに一、二年かけ、そして同程度の時間をかけてドイツ語に訳していたようです。私はそれを彼らの半分ぐらいの日数でやってしまったわけですから、当時の私のような貧乏留学生にとってはありがたいことでした。

ドイツ語で書いた博士論文は三百ページほどの本にして、ドイツで出版しました（Max Kramer書店）が、そうした基礎をつくってくれたのは上智大学の先生がたであったと、いまでも感謝しております。

オックスフォードで気づいたこと

私はドイツから真っ直ぐに帰国しないで、そのままイギリスのオックスフォード大学へ向かいました（昭和三十三年）。

そのころすでに私は、むずかしい英語を読んだり書いたりすることには自信がありました。もちろん、会話はイギリス人に敵《かな》いません。でも、英語やドイツ語でむずかしい専門書を読んだり論文を書いたりすることは、イギリスやドイツの大学生以上だと思っていました。

ところがオックスフォードへ行ってから、ある日、妙なことに気づきました。

それは、少年時代に『真田幸村』や『三国志物語』を読んで覚えた深い感動——あれに似た感動を英語の本から受けたことがないということでした。考えてみれば、それも当然です。当時の私は辞書を引きながら英語の本を読んでいたわけですから感激もヘッタクレもありません。

むずかしい専門書を読むことにかけては、指導教授のドブソン先生にもそう引け目を感じないほどでしたが、しかし向こうの学生たちのようにサッと新聞や雑誌を取り上げてサッと読むことはできませんでした。オックスフォードでは朝食を終えると、同宿の学者たちはロビーで「ロンドン・タイムズ」や雑誌「タイム」に目を通します。ところが私にはその真似《まね》ができなかったのです。もちろん「ロンドン・タイムズ」であろうが「タイム」であろうが、机の上でじっくり開けば、きわめて正確に読むことはできます。それを真似た文章すら書くことができたでしょう。しかし、イギリスの学者たちのようにササッと読むことはできなかったのです。

私は十八歳で上智大学の英文科に入りました。そしてオックスフォード大学へ行ったときは二十八歳でしたから、ちょうど十年間英語学を学んだわけです。でも、ふつうのイギリス人がササッと読む英字新聞を同じように読むことはできない。これではダメだなと思いました。

いったいどうして彼らのように読めないのか――。

ひとつ思い当ったのは、英語学を勉強するときの単語とジャーナリズムで使われている語彙《ごい》がちがうということでした。後者のジャーナリスティックな単語を私はあまり知らなかったのです。

そこで留学を終えて帰国すると、講師になりたての私は、新宿の紀伊國屋書店《きのくにやしょてん》で「タイム」や「ニューズウィーク」を買うと、ヘッドラインを眺めていちばん興味のある記事に狙《ねら》いをつけ、それだけを喫茶店で読みつづけました。そして知らない単語が出てくると、それを単語帳に書いて確実に覚えるようにしました。ちょうど三十歳ごろのことでした。

そんなことをしばらくつづけていたら、ずいぶん実力がついてきたように思えました。

やっぱり単語を知らないと話にならない、ということを悟ったそのころ、たまたまノーマン・ルイスという人の書いた*Word Power Made Easy*というボキャブラリー・ビルディングの本に出会ったのもなにかの偶然でしょう。

語彙を増やすことが大切だ、そうすれば本でも雑誌でも楽に読めるし教養も高まる、と訴える本でした。その本にはこんな趣旨のことが書かれていました。

社員と課長はどこがちがうか。課長のほうがたくさん単語を知っている。課長と部長はどこがいちばんちがうか。部長のほうがたくさん単語を知っている。部長と重役はどこがちがうか。重役のほうがたくさん単語を知っている。重役と社長はどこがちがうか。社長のほうがたくさん単語を知っている。ボキャブラリーで社会的な地位が決まるのだ。

ここまでいい切っているのを読んで、この本に書かれているとおり英単語をマスターしたら、知らない単語がほとんど出てこないくらい「タイム」や「ニューズウィーク」をスラスラ読めるようになりました。

アメリカでの乱読体験

フルブライトの招聘《しょうへい》教授としてアメリカに招かれるチャンスに恵まれたのはそんなときでした。オックスフォードから帰国して十年ほどたった昭和四十三年のことです。

文化交流のための招聘でしたから、それほど負担のない米国滞在です。もちろん、講義を行う義務はありましたけれども、それでも週に二、三回の簡単なものでしたから、ほとんどが空き時間。しかも家族は日本に残して行ったわけですから、時間は十分すぎるほどありました。

そこで私は――今回は学問の本は読まないことにしようと決心したのです。この機会を利用して向こうの人が楽しみながら読んでいる本を何でもいいから読みあさってやろう、と。なぜそんな決心をしたかといえば、そのころ、自分は英語の本を読んでほんとうに感動したことがない！　という事実に気づいていたからです。

オックスフォードでは、自分がイギリスの学生たちのように新聞や雑誌を読めないことに気づいて愕然《がくぜん》とし、そこで帰国してから「タイム」や「ニューズウィーク」を読みつづけ、彼らと同じようなスピードで読めるようになりました。

今度は、英語の詩や小説やノンフィクションを読んで心が揺さぶられるような経験をしたことがないことに気づいたのです。これではまだ英語を自分のものとしたとはいえない。そう思ったから、アメリカへ行ったら、日本でいえば講談本や三文小説のような本をひたすら読んでみよう、そして子供時代に『真田幸村』や『三国志物語』を読んだとき覚えたような「これは面白い！」という感動を英語の本でも味わってみよう、と決意したのです。

アメリカでは半学期ずつ四つの州をまわることになっていましたので、私はニュージャージー、ノースカロライナ、ミズーリ、ミシガンの四州をまわりました。

最初はニュージャージー州で、私が下宿したのはコロンビア大学の医学部教授だった人の未亡人の家でした。そのお宅にはかなりの蔵書がありましたので、たまたま棚にあったアガサ・クリスティの初期の推理小説を読みました。これはたしかに面白い。そこでクリスティのペーパーバックを次々に買ってきては読破しました。

つづいて取りかかったのは、G・K・チェスタトンの「ブラウン神父」（*Father Brown*）のシリーズでした。日本でも創元推理文庫から翻訳が出ているのでご存じのかたも多いと思いますが、素人《しろうと》探偵のブラウン神父が鋭い勘と推理で難問を解いていく小説ですから、これも堪能《たんのう》できました。

しかし、そこでハタと気づいたのです。推理小説や探偵小説はだれが読んでも面白いわけだから、この程度で喜んでいてはダメだ、と。そう思ったので、買い集めた推理小説や探偵小説はひとまとめにして日本に送ってしまいました。

次の任地はノースカロライナでした。ここでもテレビを見る以外の自由時間はほとんどすべて読書に充《あ》てました。大量にペーパーバックを買い込んで評判のベストセラーを読み、たまたま見かけたポルノ小説まで手を伸ばしました。ポルノ小説も面白いから何冊か読みましたけれども、その面白さは特殊なものだから、そんなものが面白くてもたいしたことはない。そう考え直して別の本に移りましたが、しかし英語の本を読んで感動に打ち震えるところまではいきませんでした。

ノースカロライナで読んだ本でよく覚えているのは、トルーマン・カポーティの*In Cold Blood*（『冷血』新潮文庫）です。カポーティは最近またリバイバルして日本でも読まれているようですが、それを読んでも、まあ面白いといった程度でした。アメリカ人は面白がっていたようですが、私にはその面白さが十分には伝わってきませんでした。

私が教えていた大学院のクラスの学生には現職の小学校の先生たちが多かったので、そこで親しくなった彼らに、「あなたがたがほんとうに面白いと思う小説を教えてくれませんか」と聞いたことがあります。すると返ってきたのは、エドガー・アラン・ポー、ヘミングウェイ、スタインベック、メルヴィル、フォークナーといった定番がほとんどでした。ところが女性教師をしているという人がふたり揃って、ジョン・オーハラという作家を挙げたので、さっそく読んでみましたが、これもどこが面白いのかピンとこない……。

英語の本で感動できた！

そんな読書を繰り返しながらミズーリ州へ行ったとき古本屋で見つけたのが、ハーマン・ウォークという作家の*Marjorie Morningstar*（マージョリー・モーニングスターというのは女主人公の名前）でした。なぜその本を買ったかというと、それを原作にしたナタリー・ウッド主演の映画（「初恋」）があって、日本で見た記憶があったからです。また、表紙に刷ってあった「五百万部突破」（"Five Million Copies Sold"）というキャッチコピーにも惹《ひ》かれました。

ナタリー・ウッド主演の映画は原作の一部だけを映像化したもので、小説自体は五百七十六ページもある厚いペーパーバックでした。

ところがこれが、読みはじめたら面白くて面白くてどんどん進みます。何日かかけて数百ページ読み通し、最後のほうになるとあまりにも面白くて息がつまってきました。体がガクガク震えるほどで、これはもうとても読んではいられないと思ったので、ちょっと風呂に入ってひと息ついてから最後の数十ページを一挙に読み終えました。

*Marjorie Morningstar*は超ベストセラーですが、推理小説でもなければポルノ小説でもありません。いってみれば青春小説であり、アメリカふうのビルドゥングスロマン（教養小説）です。それを読んで私は、ほんとうに面白いと感じたのです。感動に震えました。そのとき初めて、「あ、おれはほんとうに英語の本を面白いと思って読めたのだ」と思いました。

アメリカの大人と同じように小説を読めるようになったのだと、ちょっと自信がつきました。それまでは外国の小説を読んで真に感動したことがなかったから、ある英語の本がほんとうに面白いのかそうでないのか、自分では判断する自信がありませんでした。一応自分で判断しても、ほんとうにそうなのかどうかわからない。人から「名作だ」といわれれば、そうかなと思うし、「そうじゃない」といわれると、やっぱりそうかなと思って確信が揺らいでしまう。きちんと読めば内容はつかめますが、ほんとうに優れた作品であるかどうか、判定できなかったのです。

しかし数百ページの部厚い小説を読んで息がつまるくらい面白かったという経験を一度

でもすると、自信が出てきます。その後ほかの本を読んでも、面白くないものについては自信をもって「面白くない」といえるようになる。そう断言してもいい権利が自分に生じたように思いました。

だから、*Marjorie Morningstar*を読んで感動した体験は、私の一生にとってもたいへん貴重な財産になったといえます。

二十年かけて英語の本の面白さを体得した

外国の通俗小説の面白さがわかったからといって、そんなことに感激したってはじまらないじゃないかといわれれば、それはそうかもしれません。しかし私にとっては、それがほんとうに英語に自信がついた瞬間でした。

ドイツ語で博士号を取ったときとは別の自信、「タイム」や「ニューズウィーク」をスラスラ読めるようになったときともちがった自信でした。

英語の小説を読んで心の底から感動するというのは、アメリカで育った人、イギリスで育った人にとってはきわめて自然な体験です。しかし日本で育ったのでは、そうした感動は自然には身につきません。本を読むスピードがちがうし、ある単語から受けるイメージもちがう。物語の背景の理解だってちがうでしょう。

だから私は、自分がそうであった以上ほかの日本人も努力しないかぎりネイティブの人のようには英語の小説を味わうわけにはいかないと睨《にら》みました。そこで、だれかほかの英文学者が「この小説はいい」といっても案外みなウソではあるまいかという、そんな不遜《ふそん》な思いさえいだくようになったし、逆にみんなが「つまらない」といっても、私が素晴らしいと思えば、その意見は揺らがなくなりました。それもこれも、*Marjorie Morningstar*を読んで感動したおかげです。

これが三十八歳のときのことでした。

十八歳で上智大学の英文科に入学して、ちょうど二十年後。つまり私は二十年かけて英語で読書のほんとうの面白さを知ったことになります。

それからあとは英語の面白い本に何冊も出会いました。ごく最近読んで感動したのは、*Remains of the Day*（邦題『日の名残り』中公文庫）で知られるイギリスの日系人作家カズオ・イシグロの小説*Never Let Me Go*（邦題『わたしを離さないで』早川書房）です。この本も読んでいるうちに息がつまり体が震えてきましたが、それについては第5章「読書各論」の「小説をどう読むか」という項で詳しく触れたいと思います。

第2章

読書のコツ

Ⅰ 読書の習慣

漫画でもいいから本に親しむ

本が好きな人はいつも何か活字を読んでないと落ち着きません。ここからもわかるように読書はクセになります。良くいえば、習慣になる。

また古今東西多くの本が書かれ、そして読み継がれてきたことからいえば、読書は人間の本性《ほんしょう》にも合っています。したがって人というのは、読書の習慣がつきさえすれば自然に本を読みたくなる存在なのです。

では、読書の習慣をつけるにはどうすればいいか。

いちばん素直なのはやはり、子供のとき親が本を読んであげることでしょう。小さいときから本を読み聞かせられると、子供も、自分でも本を読んでみたいという気になるからです。本の読み聞かせは子供に読書の習慣をつけるに当って非常にいいきっかけになるでしょう。

その点では、絵本はきわめて有力な手段です。とにかく絵を見ながら話を追うわけですから小さな子にもわかりやすい。いまはテレビがありますから、絵本の読み聞かせといっても面倒に思うかもしれませんけれども、しかし子供と肩を寄せ合って一冊の絵本を読んであげることはスキンシップにもなるし、子供にとってはいい思い出になるでしょう。そうして読書習慣をつけてあげることができれば一石二鳥《いっせきにちょう》、いや一石三鳥にもなるのではないでしょうか。

私自身のことを振り返ってみても、本を読む習慣は「講談社の絵本」、あるいはそれ以前から刊行されていた絵本にはじまっています。「講談社の絵本」が出たのは小学校へ上ったころですが、私はその前から、同じ講談社から出ていた『幼年倶楽部』の別冊付録「コグマノコロスケ」などで字を読むことを覚えました。「コグマノコロスケ」というのは吉《よし》本三平《もとさんぺい》という人の漫画で、昭和十年に初登場しています。視覚が本を読むのを助けてくれたのです。

漫画は日本では鳥羽僧正《とばそうじょう》の「鳥獣戯画《ちょうじゅうぎが》」がはじまりだといわれています。したがって平安朝後期以来の伝統があるわけです。江戸時代、日本人の識字率《しきじりつ》は世界でいちばん高かったといわれておりますが、江戸時代も絵本がものすごく広まった時代でしたから、当時の人の多くは絵本を通じて文字を覚えたのではないでしょうか。私はそう推察しています。読書習慣をつけるには絵本から入るのがいいということは、私の孫娘を見ていてもいえそうです。

孫娘は親の赴任《ふにん》の関係で、スイスのジュネーヴで育ちました。幼稚園へ通っているころからフランス語をしゃべっていましたが、夏休みになり日本へ帰って私の家にやってくると、夢中になって藤子《ふじこ》・F・不二雄《ふじお》の『ドラえもん』（小学館）を読んでいました。私の子供たちがみな『ドラえもん』のファンでしたから、わが家には全巻揃《そろ》っていたのです。孫娘はそれを面白がって読んでいましたが、そのうち『ドラえもん』を通じて日本語の文字を覚えてしまった。そして次第にふつうの絵本、子供向けの本まで読めるようになったのです。

だから私は、『ドラえもん』を一時間でも二時間でも読んでいる孫娘の姿を見ていて、ますます絵本や漫画で読書習慣をつけるのは悪いことではないと思うようになりました。

漫画に関しては、こんな経験もしています。私の場合、『三国志』は前述したように野村愛正の『三国志物語』を読みふけってから吉川英治《よしかわえいじ》の『三国志』（講談社文庫）に移りましたから絵本や漫画とは関係がありませんが、私の子供たちは横山光輝《よこやまみつてる》の漫画で『三国志』

(潮出版社)を知ったようです。ところが子供たちの読んでいるのをのぞいてみると、漫画なのに吉川英治の『三国志』よりもむずかしい漢字を使っている。そうして子供たちは漫画を読みながらむずかしい漢字を覚えてしまったようです。

世の教育ママの中には「漫画」と聞くと無条件に拒否反応を示す人もあるようですが、漫画にはそんな効用もあるわけですからバカにはできません。

ルビの見直しも必要

日本人の場合、子供のときに漢字をたくさん覚えると非常に有利です。

前章でノーマン・ルイスという人の「ボキャブラリー・ビルディング」に触れましたが、英語圏の人たちが語彙《ごい》を増やすことに相当するのが、日本語の場合は漢字を覚えることだと思うからです。だから私は、子供たちが小さいころ、特別に何かを教えたという覚えはありませんけれど、漢字だけは漢字の本を買ってきて教えました。

漢字を知っていれば本を読むのもそう億劫《おっくう》にはなりません。そのせいか、私の子供たちはみな読書家です。子供たちは三人が三人とも音楽の道に進んだため、文学とはあまり関係がありませんけれども、小さいときから読書の習慣をつけていたので、ある意味では私より幅広い読書をしています。長男などは高校生だったか大学生だったかの時代にトルストイの『戦争と平和』（新潮文庫）や『アンナ・カレーニナ』（新潮文庫）を読んで大いに心を動かされたらしく、「トルストイと比べると最近の日本の小説はとても読むに耐えないナ」などと生意気なことをいっていたことがあるほどです。

私の子供たちの場合は、漢字で躓《つまず》かなかったことが本好きになった理由のひとつだと思います。

その意味では、いま改めて振り仮名（ルビ）を見直す必要もあるのではないでしょうか。昔の本にはルビがたくさんついていて、総ルビの本までありましたが、あれがどれだけ読書の助けになっていたことか。ルビがふってあれば、たとえその漢字が書けなくても読むことはできます。そうすればおぼろげながらでも意味を取って本を読み進めることができます。

一例として、昭和三年に刊行された改造社版「現代日本文学全集」（いわゆる円本《えんぽん》）の『芥川龍之介《あくたがわりゅうのすけ》集』から「羅生門《らしょうもん》」の冒頭部分を引いてみます。

或日《あるひ》の暮方《くれがた》の事《こと》である。一人《ひとり》の下人《げにん》が羅生門《らしやうもん》の下《した》で雨《あま》やみを待《ま》つてゐた。

廣《ひろ》い門《もん》の下《した》には、この男《おとこ》の外《ほか》に誰《だれ》もゐない。唯《ただ》、所所《ところどころ》丹塗《にぬり》の剝《は》げた、大《おほ》きな圓柱《まるばしら》に、蟋蟀《きりぎりす》が一匹《びき》とまつてゐる。……

平仮名が読めれば小学生でもおおよそのところは理解できるのではないでしょうか。ところが、読み方がわからない漢字がいくつも出てくると途中で放り出したくなってしまうものです。本を読むのが厄介《やっかい》で面倒になってしまうからです。でも、そこに振り仮名があれば読む気も湧《わ》いてくる。書く能力と読む能力はちがうわけですから、青少年向きの本にはルビをたくさんつけたほうがいいというのが私の持論《じろん》です。そうすれば自然に漢字の読み方も覚えてしまうものなのです。

最近は「朝の読書」といって、学校で始業前の十分間、生徒も先生も自分が読みたい本を読もうという運動があるようです。もちろん、そうした運動が全国に広がっていくのもたいへん結構なことですが、その前提条件として私はここで、ルビの見直し（総ルビの復活）を提唱しておきたいと思います。

恩師・佐藤順太先生

読書の習慣をつけるには優れた指導者の果す役割も非常に大きいので、ここで少し旧制中学時代の恩師・佐藤順太先生のことに触れておきます。

私の読書生活にとって順太先生ほど大きな存在はありません。若き日にもし先生との出会いがなかったら今日の私があったかどうか――私にとってはそれほど学恩の深い先生です。

佐藤順太先生は、戦争中は隠棲《いんせい》しておられましたが、日本の敗戦とともに英語を教える先生の需要が急増したため、老軀《ろうく》をいとわず旧制中学の教壇に復帰されました。先生は英語の教師ではありましたけれど、東西の古典にも造詣《ぞうけい》が深く、また猟銃と猟犬がご趣味で、その方面の著作もありました。博引旁証《はくいんぼうしょう》、真の意味での知識人というべき人でした。

はじめて旧制中学校の教室でお目にかかったとき、なぜとはなく私は先生に魅了されてしまいました。還暦を越えた教師が初歩の英語を教えるわけですから、さほどドラマティックなことはあるはずもないのに、私はこれまで無意識に求めてきた師にめぐり会えたという直感に打たれました。

そうして二年半以上教えを受け、さらにご自宅へうかがい親しく謦咳《けいがい》に接するようになって、ますます「わが師」という思いを強めたのです。

ひと言でいえば、佐藤順太先生はほんとうの意味で「知的生活」をしていらっしゃる人でした。先生の隠居所はさほど広い建物ではありませんでしたが、和漢の木版本が倹飩《けんどん》（細長い桐の箱）に入れられて天井まで積まれていました。英語の先生ですから英語の本があるのは当然としても、漢文もあれば日本の古典もありました。しかもそれはみな和綴《わと》じの本なのです。

もちろん、積んであるだけでなく、先生はそれをみな読んでおられました。英語の辞書も二十センチもの厚いウェブスターかスタンダードがあり、ネルソン百科事典もありました。文学にも造詣が深く、作家ラフカディオ・ハーン（日本名は小泉八雲《こいずみやくも》）のきわめて美しい全集を示されて、こういわれたのを覚えています。

「文学論には雲をつかむようなものが多いけれども、ハーンのいうことはよくわかるし、程度もきわめて高い」

最近でこそハーンの文学論は高く評価されるようになりましたけれども、当時は『怪談』（ポプラ社）の作者ぐらいにしか思われていませんでした。そんな時代にハーンの価値を見抜いていたわけですから、先生の見識がいかに高かったかがわかろうというものです。それもこれも先生が本をよく読み込み、深く考えをめぐらせていらっしゃったからだと思います。

私は先生が奨めてくださる本を読み、なかなか本が手に入らない場合は先生からお借りして、そうしてわからないことが出ると次から次へと質問をして、多くのことを学びました。夏休み、春休み、正月休みに帰省すると、自分の家よりは、先生のお宅で夜の時間を過ごすことが多いくらいでした。そのように佐藤順太先生に親しく接することができたことを、何よりも深く感謝しております。

II 本は買うべし

本の活用法

私が子供のころは、いまのように本が豊富にあったわけではないし値段もけっして安くなかったから、本や雑誌は友だち同士で貸し借りしたものです。いまでも、小遣《こづか》いがたっぷりあるわけではない小・中学生の時代であれば、ふつうに読む本や雑誌はそうしてもいいし、図書館などから借りてきてもいいと思います。この年代は、本を手もとに置くことより、読書の習慣をつけるほうが大事だからです。

ただし、愛読書だけは買ったほうがいい。二度読み返したくなるような本は買うべきである、というのが私の意見です。

なぜかといえば、本を読んでいると必ずシルシをつけたくなる箇所があるからです。「いいことをいっているな」と思ったり、「これは名言だ」とヒザを叩《たた》いたりする箇所に出合っても、借りた本では線を引いたりマーカーでシルシをつけることはできません。借りた本でその種のチェックをしようと思ったら、メモを取るかノートを取らなければなりませんから、ひどく厄介なことになってしまいます。すると本を読むこと自体が面倒になってしまうのです。

ところが自分の本であれば、どんな勝手なことでもできます。線を引いてもいいし、線で足りないところは、上に○をつけるとか、もっと感心した箇所には◎をつけてもいい。たまたま筆記具の持ち合わせがなければページを折ってもいい。そうすれば読書の中身も充実してきます。

同じことは大人の読書についてもいうことができます。有益な逸話《いつわ》や鋭い指摘がなされている箇所には○や◎をつけ、さらにあとで参照したくなるであろうようなところは、そのページ数を表紙のウラに書き込んでおくことです。それをうまく活用すれば、勉強や仕事の能率はグンとアップします。

だから、長い目で見た場合、本は買ったほうがいいと思っているのです。

かつて私は、本を買い、それを手もとに置いて十分に活用する重要さを考えた場合、「本を読む時間を削ってアルバイトをしてでも、稼いだカネで本を買ったほうがいい」という意味のことを書いたことがあります。その考えはいまでも変りません。

考えてみればいまは、本は安いものです。大学生がファミリー・レストランでちょっとアルバイトをしただけでも、読みきれないほど本を買える収入になるのではないでしょうか。時給千円として一日八時間アルバイトをすれば八千円。文庫本なら十冊は買えます。サッと読んで読み捨てるような本でないかぎり、本は買うべきなのです。「本を買うカネがない」というのは、本を買わない理由にはならない、と知るべきです。

身銭を切る効用

身銭《みぜに》を切って本を買う大切さについては、恩師・佐藤順太先生の言葉を思い出します。

前述したとおり、先生は旧制中学校の英語の先生でしたが、武家出身ということもあって刀剣の目利《めき》きでもいらっしゃいました。その先生があるとき、「刀の目利きになるいちばん確実な方法は、自分の所有物としてもってみることでしょうな」といわれたのです。本も同じで、手もとに置いて必要なとき取り出してページを繰っていれば自然に愛着も湧《わ》くし、長年そうしたことをつづけていれば、おのずから本の善《よ》し悪《あ》しもわかるようになります。

こんなこともありました。私がたまたまお邪魔していた別の機会に、ある人が訪ねてきて刀の鑑定を依頼したとき、先生はこういわれたのです。

「素人《しろうと》はよく偽物をつかまされますが、しかしいくら素人といっても、大金を払って買って手もとに置いて時々眺めていると、そのうち偽物だということがわかってくるものです。すると、自分に偽物をつかませた骨董屋《こっとうや》を恨むようになります。骨董屋はそれを知っているものだから、自分が偽物をつかませておきながら客の悪口をいうものです」

骨董屋が実際そうであるかどうかは知りませんけれども、私が面白いと思ったのは、「素人でも、大金を払って買った刀剣を毎日毎日眺めていると、だんだんその価値がわかってくる」という話でした。「刀の目利きになる方法はそれを所有することだ」という話と合わせて、まさに本についても当てはまる教訓です。

こういったからといって、なにも身銭を切った本でなければ身につかない、といいたいわけではありません。食事でも、給食やパーティーで出されるものはタダですが、おいしい料理もあれば栄養になるメニューもあります。また、友だちにうまいフランス料理やイタリアンをおごってもらうことだってあるでしょう。そうした食事が身につかないということはありません。

しかし、ほんとうに味を楽しみ、自分の味覚を養おうと思ったら身銭を切ったほうがいいのではないでしょうか。自分でカネを払えば、その料理がうまいかまずいかの判定も厳しくなるし、ひいてはそれが味覚を養うことになるからです。身銭を切れば確実に判断力は向上します。

ほとんど一生、極貧《ごくひん》の生活をしながら本を愛したイギリスの小説家ジョージ・R・ギッシングも自伝的な感想録『ヘンリ・ライクロフトの私記』（岩波文庫）のなかで、ヘンリ・ライクロフトが、ハイネの校訂したティブルス（紀元前一世紀ごろのローマの詩人）の抒情詩集を買ったときのエピソードを書いています。

詩集は六ペンスで、そのときライクロフトがもっていた全財産も六ペンスでした。

それだけあれば、一皿の肉と野菜が食べられるはずであった。（中略）私の内部に争う二つの欲望に苦しみつつ鋪道《ほどう》の上をうろうろ歩いた。結局その本は手に入れた。そして家にもって帰った。バタつきパンでどうにか正餐《せいさん》のかっこうをつけながら、私はむさぼるようにページをめくった。

このティブルスの最後のページに鉛筆書きで「一七九二年十月四日読了」とあるのに気づいた。ほぼ百年前、この本をもっていた本人はいったいだれなのであろうか。（中略）いわば自分の血を流し、命をけずる思いでこの本を買い、私と同じくらいこれを愛読した貧乏な、そうだ、私のように貧乏で熱心な研究者が想像したくなるのだ。（中略）その頃《ころ》の私にとっては、金の意味は本を買うこと以外にはなかった。全くそれ以外には、ほとんどこれといった意味はなかったのだ。矢も楯《たて》もたまらぬほど欲しい本、肉体の糧《かて》よりももっと必要な本というものがあった。もちろん大英博物館にゆけば見ることができたが、それは自分のものとして、自分の書架上にその本をもつこととは全然別なことであった。（中略）よそから借りてきた本でよむよりも、どんなにひどくても自分の本で読むほうが私ははるかに好きであった。

ヘンリ・ライクロフトというのは虚構の人物ですが、この逸話の背後に、ギッシング自身の本に対する思いが隠されていることはいうまでもありません。

古本屋通いの効用

古本屋へよく行く習慣も、読書家にとっては大切なことだと思います。

新刊というのはしょっちゅう変ります。新しい本が出たかと思うと、一週間後にはもう姿を消しています。甘い恋愛小説がはやったかと思うと、今度はホラー小説だ、サスペンスだと、そんな具合に流行はめまぐるしく変ります。いちいちそんな流行に付き合っていたら津波か大洪水に押し流されるようなもので、自分の趣味も固まりません。

最近の出版点数は年間七万点を超えるといいます。これを一年三百六十五日で割ると、約二百点。毎日、二百点もの新刊書が出ている計算になります。二百冊ではありません。A、B、C、D、E……といった具合に、新しい本が毎日二百点も刊行されているのです。次の日もまた二百点、その次の日もまた二百点。新刊書は文字どおり大洪水のように、毎日毎日刊行されつづけているのです。

それだけ新しい本が出るわけだから、なかには素晴らしい本もあるし、読み出したら止まらないような小説もあるでしょう。しかし、どの本が良くてどの本はつまらないか――毎日二百点もの新刊書が出たのでは、よほどの目利きでないかぎり判断するのはむずかしいはずです。

そんなこともあって、私自身は新刊書店へ行くのはあまり好きではありません。新刊書の大洪水に圧倒されて頭が痛くなってしまうからです。比喩《ひゆ》ではなく、ほんとうに頭がズキズキしてくるのです。

その点古本屋は、かなり大きな店へ行っても頭が痛くなることはありません。昔出た本や売れなかった本、あるいはすでにだれかが読んだ本が並んでいるわけですから、本に圧倒される感じがありません。むしろ懐かしさがこみ上げてきます。

そうして古本屋通いをしているうちに、なんとなく自分に合った本がわかってきます。

おまけに、昔から「欲しいと思っていた本はいつか古本屋で見つかる」という鉄則があります。古本屋通いをしているうちに勘が養われ、なにかピンとくるものがあるからでしょう。釣りの名人が「ここは釣れそうだ」と思うのに似ています。

いまはインターネットで本を探す時代ですから、そうした勘はあまり問題ではなくなりましたが、長年探していた本を古本屋の棚に見つけたときの喜びはまた格別です。しかもそれが、自分が考えていた値段よりずっと安かったときなど、小躍りしながら喫茶店に駆け込んで本の表紙を撫《な》でまわしてしまいます。

古本屋での本との出会いには、インターネットでの本探しとは別の味、ちがった喜びがあるのです。

III 本の品定め

馴れればわかる本の善し悪し

本の善し悪しは、たくさん読んでいるうちに直感的にわかってくるものだと思います。私の場合、英語の本であれば、まず装丁を見て次にパラパラッとページを繰ってみるだけで、良い本か読みたくない本か、だいたいわかります。とくに十九世紀から二十世紀初めごろの本であれば、たちどころに判定する自信があります。身銭を切って本を買い、たくさん読んでいるうちにそうなりました。「あ、これはダメだ」とか「おッ、これは良さそうだぞ」と、ひと目見ただけで判断できるし、たいていの場合、その判断はまちがっておりません。

私は子供時代、「少年講談」シリーズを全部集めたり、「世界名作物語」をほとんどすべて読破したり、あるいは雑誌では『幼年倶楽部《クラブ》』からはじまって『少年倶楽部』や『キング』など、講談社の本や雑誌をずっと読んできましたから、それを手に取っただけで講談社の本（雑誌）かそうでないか、すぐわかるようになりました。雑誌や本を開いて、「おや、おかしいぞ」と思って出版社名を見ると、やっぱり講談社のものではなかった、という経験を何度もしています。当時の講談社が野間清治《のませいじ》の考え方を示す個性のはっきりした会社だったせいもあるでしょうが、本（雑誌）に親しんでいれば、子供でもそういうことはちゃんとわかるようになるのです。野間清治は日本独特の「心学」の系統の考え方をした人で、精神修養になる話なら、神・儒・仏、それにキリスト教でも何でも取りあげました。基本的には教育勅語に通底する健全な道徳感情を重んじた読み物でした。

いま挙げた例は少年向けの雑誌や本の場合ですが、小さいときからそうしたセンスを養っておけば、大人になって高級な本に接したときも役立ちます。

じっさい、上智大学の英文科に入ってから、外国人の先生がたはしばしば英詩の一部を掲げて、その作者を当てさせる試験問題を出すことがありました。多くの英詩を読んでいれば、文体や使われている単語から作者を特定できるのです。日本語の小説でも、たくさん読んでいれば作品の一部を読んだだけで、それが漱石《そうせき》か永井荷風《ながいかふう》か川端康成《かわばたやすなり》か、わかるようになる。それと同じです。

私はそういう問題が好きでしたし、またよく当てることができました。そんなふうにイギリスの詩人の文体やフィーリングに比較的敏感になれたのは、子供時代、講談社の本や雑誌を徹底して読み、知らぬ間に書物や文章に対する感覚を養っていたからだと思います。

漱石と漢文

私の場合は講談社の本（雑誌）でそうしたフィーリングを身につけたわけですが、それよりずっと高級だったのは夏目《なつめ》漱石です。

漱石は漢文が好きでしたから、子供のころから蔵に入って一所懸命に漢文を読んだり、図書館へ行って江戸時代の儒者《じゅしゃ》・荻生徂徠《おぎゅうそらい》の文章を写したりしているうちに、同じ漢文でもスタイル（文体）によって「なじめない漢文」と「なじむ漢文」ができてきた、と書いています。

又、漢文でも山陽《さんよう》などの書いたのは余り好かぬ。同じ日本人の書いた漢文でも享保《きょうほう》時代のものは却《かえ》って面白いと思ふ。人は擬古文《ぎこぶん》といふて軽蔑《けいべつ》するが、僕は面白いと思ふ。
（「予の愛読書」『漱石全集』所収、岩波書店）

ここに「山陽」とあるのはいうまでもなく、私が子供時代に感動したあの頼《らい》山陽です。私が感動し、その言葉を紙に書いて机の前の壁に貼《は》っていた頼山陽の文章は、漱石はどうも好きではなかったようです。

漱石はよほど漢文の好悪がはっきりしていたのでしょう、「余が文章に裨益《ひえき》せし書籍」(『漱石全集』所収、岩波書店)という文章のなかでも、同様のことを繰り返しています。

漢文では享保時代の徂徠一派の文章が好きである。簡潔で句が締つてゐる。(中略)漢文も寛政《かんせい》の三博士以後のものはいやだ。山陽や小竹《しょうちく》のものはだれてゐて厭味《いやみ》である。自分は嫌ひだ。

「寛政の三博士」というのは古賀精里《こがせいり》、尾藤二洲《びとうにしゅう》、柴野栗山《しばのりつざん》という三人の儒者をさし、「小竹」というのは古賀精里の弟子の篠崎《しのざき》小竹のことです。

漱石は若いころから漢文を読み込んでいたので、その流派ごとの特徴をつかみ、自分の趣味を鍛《きた》え上《あ》げていたということでしょう。

本選びは「己に忠実であれ」

もっとも、良い本悪い本といっても、そこにはきわめて個人的な要素がありますから本の善し悪しは人によってちがって当然です。

前節で触れたように漱石は頼山陽の漢文をけなしていますけれども、私は子供時代から一貫して山陽が好きで、『日本外史《にほんがいし》』や『日本楽府《にほんがふ》』はいまも愛読しています。とりわけ、日本の歴史を漢詩に結実させた『日本楽府』については、解説書を出しているほどです（『渡部昇一の古代史入門～頼山陽「日本楽府」を読む』『渡部昇一の古代史入門』、ともにPHP新書）。

本の好き嫌いはまた、年齢とともに変ります。自分の趣味が広がったために好きになる本が増えることもあれば、逆に趣味が洗練され狭くなったためにそれまで好きだった本がそれほどでもなくなる場合と、両面あるようです。

私は子供時代から野村胡堂《のむらこどう》の『銭形平次捕物控《ぜにがたへいじとりものひかえ》』（光文社文庫）など、捕物帖の本が好きでした。旧制中学一年生のときは、英語の授業中に横溝正史《よこみぞせいし》の『人形佐七捕物帳《にんぎょうさしちとりものちょう》』（光文社文庫）を隠し読んでいて先生からひどく怒られたことがあります。

旧制中学の三年生のころもまだ捕物帖は私の愛読書でした。勤労動員に駆り出され、たまに休みをもらって家に帰ると、母親がなけなしの小豆《あずき》をゆでてボタモチをつくってくれましたので、私は昼間から布団《ふとん》に入り、ボタモチを食いながら捕物帖を読んだものです。これは戦争中、勤労動員から帰ったときの最高の楽しみでした。

それくらい好きだった捕物帖ですけれども、そのうち全然読む気がしなくなってしまいました。読むに値する捕物帖がほとんど無いことに気づいたからです。読めるのはたったひとつ、岡本綺堂《おかもときどう》の『半七《はんしち》捕物帳』（光文社文庫）だけです。幕末期の日本の下町の風情や人情がこまやかに写し出されていて、これだけは何度も読んでいます。

このように、捕物帖なら捕物帖をたくさん読んでいるうちに「ニセモノ」と「ホンモノ」の差がわかるようになると、ニセモノが堪えがたくなってきます。自分の趣味が進んだために、あれだけ好きだった『銭形平次捕物控』もバカらしく思えてしまうのです。

これが、趣味が洗練されたために読書の幅が狭くなった例です。

逆に、趣味が広くなった例は芥川龍之介や谷崎潤一郎《たにざきじゅんいちろう》の読書を挙げることができます。

何度もいうように、私は講談社文化で育ってきたものですから、異様に洗練された小説や詩は好みではありませんでした。したがって芥川龍之介の作品はあまり好きではなく、ほとんど読んだことがありませんでした。小学校の教科書に出てきた「蜘蛛《くも》の糸」や「杜《と》いです。芥川龍之介も、中学のときに「杜《と》子春《しし ゆん》」といった作品は読みましたけれども、それ以外の小説を自分から読む気はしませんでした。谷崎潤一郎も全然読む気がしなかった作家のひとりです。イヤな感じをもっていたほどです。ところが大学も上級生になり年齢を重ねてくると、「やっぱり谷崎の文学は偉大だ」と思うようになり、その後は全集でほとんどの作品を読破しました。芥川の場合もほぼ同様です。

だから私の文学開眼《かいげん》は非常に遅いのです。

谷沢永一さんや作家の丸谷才一《まるやさいいち》さんの読書経歴を見ていると、呆《あき》れるほど早熟です。私が大学四年生ごろに面白いと思いはじめたものを、あの人たちは小学校の高学年か中学の初めに読んでいるのですから、この差はきわめて大きいといわなければなりません。しかし私はいま、差がいくら大きくとも問題にするには当らないと思っています。どんな本であれ、その本の真価がほんとうにわかる前にわかったような気にならなかったのはかえってよかった、と思うからです。若いころに谷崎潤一郎の作品を読んで、「ちょっとむずかしいな」と思って一生読まなくなってしまうのと、三十歳からでも谷崎の面白さを知って読みつづけるのと、どちらが得か。答えはおのずから明らかでしょう。

こうした私の読書体験から導かれる本の品定め法は「己《おのれ》に忠実であれ」という一語に尽

きます。ある程度たくさん読めば、自分の趣味や鑑賞力が高まったために読書の幅が狭まったり、反対に、自分が成長したがゆえに読書の幅が広がったりするものです。私の場合でいえば捕物帖では狭まり、いわゆる純文学の小説では広がったということになります。

漱石との出会い

漱石については「研究した」といってもいいほどの読み方をして論文を書いたこともあります。でも、大学の三年生までは苦手《にがて》な作家でした。

旧制中学時代に使った岩波の教科書には『草枕《くさまくら》』（岩波文庫）の「峠の茶屋」のくだりが載っていましたから読んだことはありますが、『草枕』でも『明暗《めいあん》』（岩波文庫）でも自分ひとりで読むのはちょっととっつきにくい感じでした。

それが突如読めるようになったのは大学四年生のときでした。

教育実習があり、私が行くようにいわれたのは「牛込《うしごめ》女子商業」という名の学校でした。神楽坂《かぐらざか》にある女学校でしたが、当時は共学だったように記憶しています。そこに二週間ぐらい実習に通いました。

そのころの私は、四谷《よつや》の上智大学の寮に入っていました。しかしカネのない貧乏学生でしたから、四谷近辺と神田の古本屋街、あとは渋谷へ出る通りぐらいしか東京は行ったことがありませんでした。喫茶店に入ったこともなければ、映画館へ行ったこともありません。新宿の歌舞伎町《かぶきちょう》とか「ミラノ座」といわれてもさっぱりわからない。そんな学生でしたから、四谷と神楽坂は国電《こくでん》（現在のJR）でたったひと駅しか離れていないのに、神楽坂あたりを歩くのはそのときが初めてでした。

坂を上っているうちに、東京というのはこんなに山あり谷ありの地形だったのかと驚くと同時に、そこからちょっと離れたあたりに、かつて夏目漱石が住んでいたことも知りました。そこでしばらく神楽坂界隈《かいわい》を歩いているうちに、初めて「東京」という都会を身近に感じるようになったのです。そのとたん漱石にも親近感をいだくようになりました。

だからその年の夏休みは、『三四郎《さんしろう》』（岩波文庫）からはじめて、あっという間に漱石の全作品を読んでしまいました。いまでも若い人に人気のある『こころ』（岩波文庫）などは、まさに「わかる！」という感じで読みました。ダジャレではありませんが、漱石の『こころ』が私の心を打ったのです。それまでは、あんなモタモタしたのは読めるものかという感じだった漱石作品が俄然《がぜん》面白くなったというわけです。

かつて漱石が住んでいたあたりを歩いているうちに、それまでは知らなかった「東京」

を肌で感じ、東京のインテリの生活を踏まえた漱石の小説がわかるようになったのだろうと思います。そうして「将来は東京に住みたい」という気持も湧いてきたのでした。

漱石を日本語で読むだけでは足りず、津田塾大学の先生だったと記憶しておりますが、近藤《こんどう》いね子という人が英訳した『こころ』まで読みました。これがじつによくできた英訳で、音読してみてじつにいい気分になったことを覚えています。

英訳の『こころ』を読んだのは秋でした。それも土曜日のことだったと思います。というのも、寮生はみな遊びに出かけていて、寮には私のほかだれもいなかったことを覚えているからです。森閑《しんかん》とした部屋でひとり『こころ』を読んでいると、たまたま窓辺に夜霧が寄せてきました。そのとき即興でつくって、近藤いね子さんが訳した本に書きつけた歌は――、

装丁の　面白き書など　開き見む　窓辺に霧の　忍び寄る夜

英訳『こころ』を読んだときの気持と、窓辺に霧が流れてくる情景が非常にマッチしていたように思います。私の六十年前の思い出です。

Ⅳ 愛読書について

愛読書とは何か

あなたは繰り返し読む本を何冊ぐらいもっているだろうか。そしてそれはどんな本か。それがわかれば、あなたがどんな人か言い当てることができる――という言葉がありますが、私もまったくそのとおりだと思います。

もしそうした座右《ざゆう》の書をもっていないようなら、いくらたくさん本を読んでいても、その人を「読書家」と呼ぶことはできません。厳密に定義するなら、読書家とはやはり「生涯の愛読書をもっている人」ということになります。

「若い人が読書家になるために何かアドバイスせよ」といわれたら私はまず、この二、三年間に読んで面白いと思った本を片っぱしから読み直してみることを奨めます。そうして二度目に読んでも面白いと感じた本だけ、翌年か翌々年にまた読み返す。そういうことを繰り返していけば、いつの間にかその人自身の愛読書（古典）ができます。

最初は面白いと思った本でも二度目に読むと、「な～んだ」と感じることがあります。また、再読してますます面白くなる本もあります。だから私は、相当な時間を置いてからの再読、再々読を奨めるのです。そうして最後まで残った本が、その人にとって大事な本になるはずです。

前に私は、たくさん本を読んでいるうちに「ニセモノ」と「ホンモノ」の区別ができるようになると書きましたが、そうした多読・乱読と併《あわ》せて、気に入った本の再読、再々読をつづけていれば、読書の趣味も確実に鋭敏になります。同時に、知らないあいだに真の読書家の仲間入りしていることでしょう。

では、そうした愛読書はいつごろ決まるものか。

少なくとも私の場合は大学時代でした。それまで好きだった本はやはり幼年期の読み物ですから「生涯の書」とはいえません。ところが、大学とか大学院の時代に読んで感銘を受けた本はその後一生付き合う「座右の書」となりました。

わが座右の書

参考のため、私の座右の書になった本を二、三挙げておきます。

私は教壇に立つようになってから、これらの本を学生たちに推薦《すいせん》しつづけ、最後にはみなその本についての解説本を書いています。この一事からも、以下の本が私の座右の書であることは明らかでしょう。

▼幸田露伴《こうだろはん》『努力論《どりょくろん》』（岩波文庫）

露伴の作品は旧制中学のときに随筆の一部を読まされたことがありますが、そのときは少しも面白くありませんでした。ところが大学に入って神藤克彦《しんどうかつひこ》先生という人に教育学を教わったのですが、先生のお宅にお伺いした時、「露伴はいいよ」といって『努力論』を奨められ、それで読むようになった本です。

教室での神藤先生の授業はあまり面白くありませんでしたが、先生のお宅へ遊びにうかがうようになると、ストレートに学業をした人ではないだけに味のあるお人柄であることに気づきました。

先生は旧制中学を出てから一度家業を継いだけれども、「勉強がしたい」という向学心が止みがたかった。しかし学資がないので授業料の要らない広島師範学校に進学。そして、さらに勉強したいといって高等師範へ行かれたという経歴の持ち主ですから修養的な要素のある先生でした。そういう先生だからこそ、露伴の『努力論』を愛読されていたのでしょう。

先生に奨められて読んでみると、ピンとくるものがありました。つづけて『修《しゅう》省論《せいろん》』やその他の随筆も読みました。すると露伴の小説も読んでみたくなる。そうして結局、露伴についての本(『人生、報われる生き方~幸田露伴「努力論」を読む』三笠書房、『幸田露伴の語録に学ぶ自己修養法』致知出版社)まで書くようになったのです。

大学生の時代や大学院生のときは、向学心から露伴を読んでいました。やがて大学の講師になり所帯《しょたい》をもって、さあ、これから自分の学問をどう方向づけるか、妻子をどうやって養っていこうかと考えたとき、ふと取り出したのが『努力論』でした。毎朝一章ずつ読み、終りまで読むと、ふたたび一章ずつ読み返しました。するとなんとなく、このセンでいこうというイメージが湧いてきました。もちろん、露伴が「こうしなさい」と書いているわけではありませんが、生きるヒントのようなものを得ることができたのです。

露伴の『努力論』は、何かに迷ったり意気消沈《いきしょうちん》したりしているときに勇気を与えてくれる非常にいい本です。

▼ヒルティ『幸福論《こうふくろん》』（岩波文庫）

この本の一部をドイツ語で読んだのは大学二年のときでした。増《ます》田《だ》和宣《かずのぶ》先生がテキストとしてお使いになったからです。その前から「ヒルティ」という名前はよく聞いていましたけれども、教室で『幸福論』の抜粋――それは「仕事する技術」でした――を読んだとき、「これだッ！」と思いました。そして終生の愛読書になった本です。

この本には、ヒルティならではの智恵や信念がたくさん綴《つづ》られております。そのなかからひとつだけ引用しておくと――、

> まず何よりも肝心なのは、思いきってやり始めることである。仕事の机にすわって、心を仕事に向けるという決心が、結局一番むずかしいことなのだ。一度ペンをとって最初の一線を引くか、あるいは鍬《くわ》を握って一打ちするかすれば、それでもう事柄はずっと容易になっているのである。ところが、ある人たちは、始めるのにいつも何か足りなくて、ただ準備ばかりして（そのうしろには彼等の怠惰が隠れているのだが）、なかなか仕事にかからない。（傍点原文）

ヒルティのこの本についても、六十代になってから解説書を書きました（『ヒルティに学ぶ心術〜渡部昇一的生き方』『できる人になる生き方の習慣〜スイスの哲人ヒルティが教える97の処世訓』、ともに致知出版社）。

▼渋沢栄一《しぶさわえいいち》『実験論語《じっけんろんご》』（『論語講義』講談社学術文庫）

偶然読んだら面白くて面白くて止まらなくなった本です。

私は『論語』の注釈書は何種類も読んでおりますが、渋沢栄一のこの本は単なる注釈ではなく、明治維新の回顧録になっています。商工業の面から「明治国家」をつくりあげた大偉人の回顧録ですから、面白くないはずがありません。一例だけ引いておきましょう。『論語』学而篇《がくじへん》の「国を治める道」の注釈をしながら、こう書いています。

新政府の当時の財政状態は、歳入は約四千万円であるが、これとても明確ならず、歳出の方はほとんど摑《つか》み払いと同様にて、金のある時は仕事をするが、金がなくなれば止めるというありさまであった。余はこれではならぬ、財政の整理をせねばならぬと思い込み、種々苦心して、歳入の統計を作り、（渡部注・予算を立てたが、大蔵卿《おおくらきょう》だった大久保利通《おおくぼとしみち》が巨額の軍事費を計上してきた。そこで渋沢栄一は強硬に反対した。ところが）列席せられたる他の五十以上の老大丞《ろうだいじょう》等が大久保公の偉大なる人格に圧せられた気味で、別に異見も述べず、唯々《いい》として賛意を表せるにかかわらず、わずかに三十を越したばかりの年少者たる余が、公の折角《せっかく》心に決めておられた所に反対したのを聴かれて、小癪《こしゃく》な奴とでも思われたものか、公は怫然《ふつぜん》色を作《な》し、「しからば渋沢は陸海軍の方はどうでもよいという意見か」と余に対して詰問《きつもん》せられたのである。……

こんな調子の講義がつづきます。そこで私は渋沢栄一に興味をもって、これも最近解説本を出しました（『渋沢栄一～男の器量を磨く生き方』致知出版社）。

▼アレキシス・カレル『人間――この未知なるもの』（三笠書房・知的生きかた文庫）

大学生時代、望月光《もちづきひかる》先生という神父さんの倫理学の講義が一年間つづき、そして最後のぎりぎりになったら、「この本さえ読めば、あとのことは全部忘れてもよろしい」といわれたので読んだ本です。すると、いちいちうなずくことばかりで、これまた終生の愛読書となりました。

これについては私自身、新しい訳書（三笠書房）を刊行した際、「訳者のことば」にこう書きました。

時間を隔ててみるとますます有難く、後光が射すように感じられる師があり、また、身近においてますます重さを増してくる書物が何冊かあるものだ。

そうした書物の一冊に、アレキシス・カレルの『人間――この未知なるもの』がある。この本との出会いがあったのは、大学二年生の時、倫理学を担当された望月光先生のおかげである。（中略）いよいよ学期末になって試験ということになったが、最後の授業時間の時に、望月先生はアレキシス・カレルの『人間――この未知なるもの』をあげ、「この本を読んでわかってくれればそれでよい」という、やや唐突な感じの宣言をなさった。講義のノートは読み返さなくてもよいことになったので、さっそく神田に出かけて櫻澤如一《さくらざわゆきかず》氏訳（無双原理講究所刊。昭和十三年初版、十六年三版）のカレルの本を買ってきた。

このようなわけで、カレルとの出会いは学期末試験のノート代りということで始ったわけだが、このきっかけを作ってくださったことに対して、私は望月先生に今なお深く感謝している。（中略）この三十年間、カレルは常に私の側にあって刺激を与え続けているからである。『人間――この未知なるもの』の序文を読んだ時から、私はカレルにとらえられてしまった。（中略）

これこそ私が求めていた本ではないか、と雀躍《こおど》りせんばかりに喜んだ。（中略）

私は倫理学の試験のことなどは二の次にして、カレルに読みふけった。その本は私が今まで知らなかったこと、考えてみたこともなかったことで満ちている。しかも、その一言一句はそれぞれの専門分野の学者が一生研究して到達した結論である、というカレルの言葉の重味がずっしりと胸にこたえた。（中略）

職業がら読むべき本の推薦を求められることが多い。相手が学生の場合、論文指導の場合などは別にして、一般読書のためには私はいつもカレルやヒルティや岩下神父をすすめる。ところがこの頃は「カレルが手に入らない」と言ってくる人が多い。（中略）この本こそは今の日本人のすべてが読んでよい本である。このようなきっかけから、私はこの三十年座右の書の翻訳を引き受けることになった。

このほかにも、上の「訳者のことば」でチラッと言及した岩下壮一《いわしたそういち》神父の『カトリックの信仰』(講談社学術文庫)やパスカルの『パンセ』(中公文庫)など、この何十年間に何度も繰り返して読んだ本はたくさんあります。『パンセ』についても私は最近本を出しました(『パスカル〝瞑想録《めいそうろく》〟に学ぶ生き方の研究』致知出版社)。パスカルについては三木清《みききよし》をはじめとして、高名な哲学者や仏文学者が立派な本を出されていますが、パスカルの本当のところを避けられているという感じが強い。パスカルは「奇蹟」を体験したから『パンセ』にあるようなことを書いたのです。しかし「奇蹟」は哲学者にとっては関心の持てないものかもしれません。私はそこにパスカルの本当の心を見たと信じたいので、あえてこの本を書いたのです。

大学生のときに教室で読んだもの、あるいは教室外で先生から奨められたもので、その後の数十年間、時々出してきて読み直した本は一生残ります。数年から十数年のインターバルを置いて読み返して、それでも面白い、タメになる、と思えた本はやはりいい本なのです。

第3章 読書の技術

I 読書メモの取り方

渡部流メモの取り方

論文を書くときは絶対に読書メモが必要です。

ドイツのミュンスター大学で学位論文を書いたときも、シュナイダー教授が「Karteikasten《カルタイ・カステン》を使ったらどうか」とアドバイスをしてくれました。"Karteikasten" というのは「カード箱」という意味です。修士論文や博士論文といった長い論文を書くときは記憶が耐え切れないほどの資料を使うので、カードの使用はとても有効です。

民族学者の梅棹忠夫《うめさおただお》さんも『知的生産の技術』(岩波新書)でカード(京大式カード)を推奨していましたが、私もドイツでの体験から、論文を書くときはカードが非常に便利であるということに気づいていましたので、私の『知的生活の方法』(講談社現代新書)のなかでカード・ボックスについて触れておきました。

ノートに読書メモを記していくと、いざ執筆しようというとき、ある事柄をどこに書いておいたか、探すのにひと苦労します。その点カードは並べ替えることができますからたいへん使いやすい。欲張らずに一枚のカードには一項目だけと決めて、関連するカードをまとめておけば、それを使おうというとき、いとも簡単に見つけ出すことができます。

カード・システムにはそうした利便性がありますけれども、しかし弱点もあります。ふつうの読書をしているとき、カードにメモをとっていたら読めなくなる恐れがあることです。本というのはやはり一定のスピードで読み進めなくてはいけない。そのときメモをとっていたら読むスピードは落ちるし、また厄介で面倒です。

だからふつうの読書をするときは、わざわざメモを取るのではなく、気づいたことを本の欄外にちょこちょこっと書いておく程度でいいと思います。あるいは、前述したように本に線を引いたり重要な箇所に◯や◎をつけたりすれば、それで十分でしょう。そして、チェックした箇所のあるページ数を表紙のウラにでもメモしておけば完璧《かんぺき》だと思います。

私がいま読んでいる本（シナの詩人・元好問《げんこうもん》の『漢詩集』）を例にとると、表紙のウラには「大作家」「廃仏毀釈《はいぶつきしゃく》」……などという項目を書いて、それに関連する本文のページ数を記してあります。

「廃仏毀釈」というのは、明治新政府が国家神道《こっかしんとう》を打ち立てるために、それまで一体だった神社と寺を分離して、仏像を焼いたり寺を壊したりした運動です。日本のそんな出来事が漢詩集に出てくるはずはありません。これは、元好問の漢詩を読んでいて廃仏毀釈に関連してふと気づいたことがあるから、そのページ数を記しておいたものです。

俳句の「俳」という字と、それが出てくる本文のページ数も表紙のウラにメモしてあります。「俳」とはどういう意味か。これは「戯《ざ》れ歌《うた》」といったほどの意味です。したがって俳句とは、元来がまともな和歌に対する戯れ歌であった。ここから、芭蕉《ばしょう》以前の俳諧《はいかい》の地位もわかると思って「俳」という文字が出てくるページをメモしておいたのです。

「禾《ノギヘン》」について書かれた箇所もチェックしてあります。ノギヘンの「禾」という字はどう読むか。「カ」です。穀物の穂、という意味です。この「禾」を苗字《みょうじ》にしたのが乃木《のぎ》大将の「乃木」さんなのではないか、などと妙なことを思いついたので、これもメモしてあります。

シナの漢詩を読んでいたら、使われている漢字をめぐっていろいろなことに気づいた。だから、気づいたまま巻末ページにメモをしているわけです。この程度のメモであれば別に面倒ではないから、私は習慣にしています。すると、あとになってひょっと役に立つこともあるのです。

いい文句、気に入った言葉、思わぬ指摘にぶつかったら、そこに赤線を引いたり◎をつけ、そのページ数を表紙のウラに記しておくことを是非お奨めします。

「面倒なことはしない」というルールづくり

もっとも、ある事柄について、たしかにメモをしたのだけれど、それがどの本であったか、本自体を思い出せないこともあります。人間の記憶というのはかなりいいかげんですから、読んだ本の内容などもすぐ忘れてしまう。ですから、ある項目がどの本に出ていたかということなど、なかなか思い出せません。

そんなときはどうすればいいのか。

私はすっぱり諦《あきら》めることにしています。あるテーマについて考えているとき、それに関連して読んだ本を思い出せないとすれば、その本はどうせたいした印象を与えなかったということです。そんな本は思い出せなくても惜しくない。自分にとって強い印象が残らなかった本は、少なくともほんとうの関心事ではなかったといえるからです。

そういう意味でも、ふつうの読書の場合は自分が億劫《おっくう》になるようなことはしないことが肝心です。

メモをした記憶はあるのに、どうしてもその本が思い出せないときは潔《いさぎよ》く諦めること。情報収集に当っても、新聞や雑誌の切り抜きなどはしないようにする。新聞・雑誌の切り抜きなどをはじめると、そのために毎朝一時間以上とられた挙句、その切り抜きを活用することはほとんど無いのが一般的だからです。どうしても切り抜きをしたいなら、「これぞ」と思う記事だけを、ハサミで切り抜くのではなく手で破いて、段ボールにでも突っ込んでおくことです。竹村健一《たけむらけんいち》さんはそうしていると言っていました。そうすればさほど時間はとられません。しかしそれにしたところで、あとになってそれを読み返したり、参照したりすることはほとんどないのが通例でしょう。ただ、現在書いていることや、対談のテーマになることは別です。自分で切り取ってもよいし、誰かに頼んでもよいでしょう。

　読書や情報収集に際しては、厄介で面倒なことはなるべく避ける、億劫になるようなことはしない――といった、自分なりの決まりをつくっておくことが意外に有効だと思います。特に今ではインターネットがあります。

II 目次・索引の利用法

独自に索引を追加すると充実

目次や索引《さくいん》が充実している本の場合は、それを大いに利用することが大切です。読書の効率を高めます。

十九世紀から二十世紀初めのイギリスやフランスの本には目次や索引がもの凄《すご》いものがあります。目次など、本文の要約が逐一《ちくいち》載っているものもありますから、丹念に目次を読むだけで一冊の本の勘《かん》どころがわかってしまいます。そういう本はたいへん便利です。

その感じをつかんでいただくため、前述した『人間――この未知なるもの』の目次の一部を掲げておきましょう。これをもっと（十倍も二十倍も）詳しくした目次のある本がずいぶん刊行されていると思っていただければ結構です。

第二章　「人間の科学」――分析から総合へ……………62

1　「人間」の膨大な知識から何を選びだすか　62
　創造力としての「衝動」と「好奇心」
2　分析から総合へ　68
　「真実」を公平に評価すること　時代の偏見を捨てること
3　「人間」についての真の科学とは　73
　純粋な科学から「知と精神」の研究へ
4　人間を分析するには多様な技術が必要である　75
　分析は総合してはじめて大きな力を持つ　「知的創造」の必要条件
5　「人間の科学」は比較実験できない　82
　大きな流れの中で人間の活動を捉えること
6　環境の再建こそ諸科学の目的である　86
　観察だけが未来への手がかりとなる

これだけ読んでも、この本にはどんなことが書かれているか、だいたいの見当をつけられると思います。したがって、もっと詳細な目次であれば本文を読まなくても論の流れはほとんどつかめます。

目次がこうですから、索引も念入りな本がたくさんあります。「人名索引」「事項索引」だけでなく、人名であれば、その下にその人の作品名が列挙されていたり、あるいは「科学」という事項であれば、「人間の科学」「真の科学」「純粋な科学」……といった具合に下位区分のページ数が記されているものもあります。まさに至れり尽くせりです。

日本の本でそれにやや近いのが、岩波書店から出ている『プラトン全集』の索引です。同じ言葉が何ページのどこにあって、どういう言葉と関係しているか、それが索引を見るだけでわかります。

ヨーロッパでは、それがふつうの本でもなされているからずいぶん便利です。

したがって、何かを研究しようというときは目次や索引を大いに活用することをお奨めします。そして、すでにある索引では足りなかったら欄外に自分独自の項目を書き加えてもいい。そうすれば索引はいっそう充実します。

同様に、重要だと思うことがあれば、その項目を自分で目次に書き加えるのもいいでしょう。

目次や索引はその本を活用するとき便利ですが、もうひとつ、本を買うときの指標にもなります。目次を眺めていれば、その本が何を主題にしてどういうことを書いているか、おおよその見当がつくからです。

たとえば、一九三二年（昭和七年）に建国された満洲国についての本があったとします。満洲国についてはいまも「日本の傀儡国家《かいらいこっか》であった」という宣伝がなされていますけれども、その本がそうした立場から書かれたものか、そうではなくて、満洲国は満洲人が自分の祖国に建てた国家であるとするものか、目次を見ればわかります。それが自分の読みたい本であるかどうか、目次から判断することもできるのです。

その本のもっている情報を徹底的に活かすことができれば、読書の能率が上がるだけでなく理解も深まり、さらにはそれを利用して何か新しいものを生み出すことさえできる、と私は信じております。

III 難解な本との付き合い方…………

難解な本も一皮むけば……

難解な本にどう対処するかという問題が読書人の悩みのひとつになっていることは確かです。

そんなとき私がアドバイスするのは――世の中にはゆっくり読まなければ絶対にわからない本もある、ということです。そういう本を急いで読んで「わからなかった」というのはよくありません。

ただし、難解な本だから理解できなくても頑張って通読すべきだというのは愚かです。それは戦前、哲学の翻訳本を読んでいた旧制高校の学生によく見られた現象ですが、そんなことはほとんど意味がありません。翻訳が下手だからよく理解できないのかもしれないし、書き手が自分をエラく見せたくてわざとむずかしく書いているから理解できないのかもしれない。そんな場合は、いくら時間をかけて読んでもわかるはずがないし、結局は時間のムダになってしまいます。

げんに私は、こんなエピソードを読んだ記憶があります。「泥棒作家」と呼ばれたジャン・ジュネというフランスの小説家が、評判の高いサルトルの『存在と無』（人文書院）を読んだところ、どうしてもわからない。何をいいたいのか、さっぱり理解できない。そこでサルトルに会ったとき、「あの本は全然わからん」といったそうです。そうしたらサルトルがあの大部な『存在と無』を取り出してきて数か所パッパッパとしるしをつけた。そして「ここだけ読めばいい。そうすればわかる」といったというのです。

数か所読むだけで言わんとすることがわかってしまうなら、なぜあんなに部厚くて七面《しちめん》倒臭《どくさ》い本を書いたのか。

有名な哲学者のひけらかしを暴いたエピソードとして印象に残っています。難解な本といっても表向きのいかめしさを剥《は》がしてみれば、多くはこれと似たようなものかもしれません。

ハイデガーの『存在と時間』（ちくま学芸文庫）も難解な本として知られています。

中央大学名誉教授の木田元《きだげん》先生はハイデガーに惹《ひ》かれて哲学をはじめたかたですが、その動機について「若いころ、『存在と時間』に書いてあることがさっぱり理解できなかったので、わかるようになりたかったからだ」とおっしゃっていました。もっとも、木田さんがお読みになった翻訳がインチキだったということがあとになってわかったそうですが、それでもハイデガーの哲学が一筋縄《ひとすじなわ》ではいかないことは確かです。

木田先生も一生かけてハイデガーに付き合い、そうしてやっと「わかった」といえるところまでたどり着いたわけですから、果たして一般の人がそこまでする必要があるのかどうか……。難解な本との付き合いはほどほどにしておいたほうがいい場合が多いように思います。

難解な本のネタ本を知る

私は木田先生と対談をして『人生力が運を呼ぶ』（致知出版社）という本を出しました。対談の席で印象的だったのは、木田先生が「ハイデガーだけ勉強していたのでは一生つづけても『存在と時間』を理解できなかったでしょうね」とおっしゃったことです。どういうことかといえば――ハイデガー哲学の「ネタ本」ともいうべき思想にたどり着いたから、「私はハイデガーを完全に理解することができた」といわれたのです。

ネタ本というのは、ヤーコプ・フォン・ユクスキュルというエストニアの生物学者の思想でした（『生物から見た世界』新思索社、ほか）。

ユクスキュルによると——ある種のダニは森のなかに十年、いや十年以上もぶら下がっている。その下をたまたま哺《ほ》乳《にゅう》動物が通りかかり、それが出すかすかな匂《にお》いをキャッチすると、ポンと下に落ちる。落ちたところには動物の毛があるから、その毛に分け入って哺乳動物の皮膚に卵を産む。そして自分は死ぬ。

ユクスキュルは、そういうことをダニの立場から書いています。ダニにとって、木にぶら下がっていた時間とは何であったのか。ダニには何が見えていたのか。ダニが知覚できるのは哺乳類の匂いだけです。したがって、そのダニにとっては十年後か十何年後かに通りかかる哺乳類の匂いしか重要ではない。

すると、ダニにとっての「存在」とは何か。十何年後に通りかかるかどうかわからない哺乳類の匂いと、落ちたときの動物の皮膚の感触。これだけがダニにとっての「存在」である。

一方、ダニにとっての「時間」とは、ただぶら下がっていることだ。五年であれ十年であれ、木の下を哺乳動物が通りかかるのを待つこと。それだけがダニにとっての「時間」である。

ハイデガーはユクスキュルからこういう視点を得たというのです。そこで、これを人間に当てはめたらどうなるかと考えた。それがあの難解な『存在と時間』のポイントだというわけです。

人間の「時間」だって、八十年か九十年もすれば終ってしまうのだから、神さまのような視点から眺めたらひどくチャチなものかもしれない。「存在」にしても、人間が五感を使って感知しうる世界など存外たいしたことはないのではないか。じっさい、人間には五感のほかに第六感ぐらいしかないけれども、第百感ぐらいまである神さまから見たら人間なんて、人間の目から見たダニのようなものではないか。

ハイデガーはそういう発想をユクスキュルから得たというのです。そうした視点を抜きにして「人間とは何ぞや」「人間の存在とは何か」などといっていたのでは、ただむずかしいばかりで肝心なところがわからない。

哲学が人間を扱う場合、人間を取り巻く世界を「世界全体」だと思っているけれども、それはじつは非常に限られた世界なのではないか。人間には五感しかないのだから、人間が知覚できる世界はきわめて狭いのではないか……。木田先生は晩年、ユクスキュルを手がかりにして、そういうことに気づかれたとおっしゃっていました。

その点、子供というのは意外に哲学的な思考をするものだと思ったことがあります。わが家では鯉《こい》を飼っています。すると、子供が小さいとき、「鯉って、こんなところにいて退屈しないのかなァ」といったのです。たしかに子供から見ても庭の池は狭い。しかし鯉にとってはわずか四、五坪の池が彼らにとっての「全宇宙」なのです。その池で卵から孵《かえ》って泳いでいる。そこしか知らないから、それが「全宇宙」になるわけです。そういう鯉の世界というのは何なのか。

鯉は、自分が池のなかにいるということを知らない。だから、知らずに池から跳ね上がる鯉がたまにいますけれども、そういう鯉は死んでしまう。ひょっとすると人間もそれと同じようなものなのではないか。「存在」だ、「時間」だ、などといっていても、非常に限られた環境のなかでの時間であり、存在なのではないか。

木田先生はユクスキュルの本を読んでそういうヒントを得られた。そうしたらハイデガーのあの難解な本を解くカギがわかったというのです。そのお話は私にもよくわかるような気がしました。

哲学のむずかしい本も、その大本《おおもと》にある思想を知ると意外に簡単に理解できることがあるようです。もっとも木田先生によれば、ハイデガー自身は「ネタ本」を明かしてはいないそうです。

ちなみに、『存在と時間』にはフォン・ベーア（渡部注・エストニアの生物学者）の名前は挙げられているが、ユクスキュルへの言及はない。（渡部注・ハイデガーは）講義ではわりに率直に語るが、著作ではなかなか本当のタネを明かそうとしない、一筋縄ではいかないところのある思想家なのである。（『ハイデガー「存在と時間」の構築』岩波現代文庫）

著者が依拠している源泉（ソース）を見つければ難解な本の理解も早くなりますが、しかしそれを探すにはまた幅広い読書が必要になってきます。読書の世界は奥が深いのです。

IV 速読について

読書のスピードは本次第

速読の是非もしばしば話題になりますが、それは本によってちがう、本次第である、というべきでしょう。速く読める本もあれば、ゆっくり読まざるをえない本もあるということに尽きると思います。

速く読んでやろうと思っても、ちょっと引っかかったり考えさせられたりすれば自然にゆっくり読むようになるし、ゆっくり読もうと思ってもサーッと読めてしまう本もある。どちらが良い悪いということではなく、それぞれに意味がある。

私はいま、マコーレーの*History of England*（『英国史』）を毎日数ページずつ音読しています。これは絶対に速くは読めません。日本人の文章にたとえれば幸田露伴にも似た美文で、ボキャブラリーも豊富で、今と意味が違っているものも少なくないから、どうしたって速く読むことはできない。でも、非常にいい文章です。毎朝三十分ぐらい、ゆっくり音読しているとじつに心地よくなります。内容がいいだけでなく、天才の文章だけが与えてくれる「何か」を感じることができます。

それとは対照的にさらさらっと読めて、しかもいい本もあります。たとえば大ベストセラーになった養老孟司《ようろうたけし》さんの『バカの壁』（新潮新書）。あれはササッと読めて、しかも内容がつまっている。養老さんの本は、『唯脳論』（ちくま学芸文庫）以来ほとんど全部読んでおりますけれども、そのエッセンスがじつに読みやすいかたちで書かれています。ひと晩かふた晩で読めるように書かれていますけれども、たいへん質の高い本だと思いました。したがって、さらさらっと読めるから程度の低い本で、ゆっくりにしか読めないから高級な本である、という区別などありません。本には、その本に適した読むスピードがあるのです。

その意味で、次に触れておきたいのは「読書会」の功罪についてです。

読書会の功罪

私は読書会というのはほとんどしたことがありません。大学時代に一度読書会をして懲《こ》りた経験があるからです。

そのときは有志が何人か集まって、シンクレア・ルイスの*Main Street*（『本町通り』岩波文庫）を読もうということになりました。ルイスというのはアメリカで最初にノーベル文学賞をとった作家で、*Main Street*というのはペンギン・ブックスで五百ページ以上ある大作です。それをみんなが一節ずつ読んで訳していったのですが、文字どおり遅々《ちち》として進まない。五百ページ以上ある本ですから、こんなペースで読んでいったらいつになったら読み終るか、気が遠くなってしまう。それで一回で終ってしまいましたが、あのときは私だけでなく集まったメンバー全員が、外国語の小説は読書会で読むものではないと痛感したのではないでしょうか。

私も、小説をこんなふうに読むのがそもそもまちがっているのだと思いました。『論語』（岩波文庫）や『唐詩選』（岩波文庫）、あるいはシェイクスピアの作品であれば、一行ずつ丁寧に読んでいってもいいでしょう。その価値もあります。現代のものでも優れた人生論であれば、ゆっくり読んでいく意味がある。いや、人生論の類《たぐい》の本はあまり速く読めるものではないし、速く読んでも意味がないと思いますが、いくらノーベル賞作家の作品だとはいえ、*Main Street*は小説です。小説を舐《な》めるようにして読んでいったら、面白さを味わえるはずがありません。

郵便はがき

料金受取人払郵便

牛込局承認

7734

差出有効期間
平成30年1月
31日まで
切手はいりません

162-8790

東京都新宿区矢来町114番地
神楽坂高橋ビル5F

株式会社ビジネス社

愛読者係行

ご住所 〒 TEL:　(　)　FAX:　(　)		
フリガナ お名前	年齢	性別 男・女
ご職業	メールアドレスまたはFAX メールまたはFAXによる新刊案内をご希望の方は、ご記入下さい。	
お買い上げ日・書店名 年　月　日	市区 町村	書店

ご購読ありがとうございました。今後の出版企画の参考に
致したいと存じますので、ぜひご意見をお聞かせください。

書籍名

お買い求めの動機

1　書店で見て　　2　新聞広告（紙名　　　　　　　　　　　　）

3　書評・新刊紹介（掲載紙名　　　　　　　　　　　　　　　）

4　知人・同僚のすすめ　　5　上司、先生のすすめ　　6　その他

本書の装幀（カバー），デザインなどに関するご感想

1　洒落ていた　　2　めだっていた　　3　タイトルがよい

4　まあまあ　　5　よくない　　6　その他(　　　　　　　　　　　　)

本書の定価についてご意見をお聞かせください

1　高い　　2　安い　　3　手ごろ　　4　その他(　　　　　　　　　　)

本書についてご意見をお聞かせください

どんな出版をご希望ですか（著者、テーマなど）

立場を替えて考えてみれば、すぐわかります。日本人の作家でいまいちばんノーベル賞に近いのは村上春樹《むらかみはるき》だといわれています。だからといって、少し日本語ができる外国人が和英辞典を片手に一日に一、二ページずつ『ノルウェイの森』（講談社文庫）を読んでいるのを見たら、日本人はどう思うでしょうか。あるいは、外国人が数人集まって吉川英治の『宮本武蔵《みやもとむさし》』を数ページずつ訳しながら読んでいるのを見たら、どう感じるか。なんとも哀れに、また滑稽《こっけい》に見えるのではないでしょうか。

いい小説を楽しむにはある程度のスピードが必要です。そうでないと、小説の良さ、面白みが伝わらない。だから、読書会には読書会に適した書物があると心得るべきです。むずかしいけれども非常に有益な哲学書を読むなら読書会形式もいいでしょう。ひとりでフウフウいいながら読んでいたら、頭も気分も煮つまってしまいます。そんなときは大勢で「ああでもない、こうでもない」といいながら内容を吟味していったほうがいいと思います。ただしその場合は、優秀な講師ないしリーダーが必要です。さもないと、船頭多くして船山にのぼるということになってしまうかもしれない。あるいは一行、いや、ひとつの単語につかえてしまって、一日一ページも進まないかもしれない。

私の体験からいっても、読書会という読書形態にはなかなかむずかしい側面があることを頭に入れておく必要があると思います。私が今やっている読書会は、恩師シュナイダー先生のルーン文字詩の教授資格論文《ハビリタチオン・シュリフト》です。だいたい月一回、十人ぐらいで集って半ページから一ページぐらい進みます。メンバーは博士課程が二人、あとは講師か助教授たちです。私がこれを読んだのはもう四十年ぐらい前の話です。しかしこれこそヨーロッパ文献学の最高の本で、本物の天才学者の著作だからです。この論文がマールブルク大学に提出された時、実に九学科の教授たちが審査に当たらなければならなかった。そのうちの一人は、これを読んでから審査員を辞退した。その理由が今でも伝えられています。「この論文が本当だとすれば、この青年はヤーコプ・グリムなみの学者だ。さりとて欠陥を指摘することもできないから、審査員を辞退する」と。

私は多くの学者、時には大学者とも知り合いましたが、「天才」という印象を受けた文献学の学者はシュナイダー先生のみです。この天才の片鱗《へんりん》に触れてもらいたいという主旨の読書会ですから、一日に半ページでも一ページでもよいのです。ベートーベンの音楽を聞き、それに着想を得たという剣豪小説家がいましたが、「天才」の作品に触れるだけで触発を受けるものです。

口述本を軽視すべきではない

私は現在、「読者」でもあり「著者」でもあるわけですが、著者として書く本にも二種類あります。読者が机に向って読むであろう本がひとつ、もうひとつは一般教養をつけようとして通勤途上に読むであろう本です。

明窓浄机《めいそうじょうき》のもとで読まれるであろう本を書くときは、こちらも密度の濃い表現をしようとつとめます。表現は的確に厳密にして、いわゆるテクニカル・タームを使うことも厭《いと》いません。英語学やイギリス国学史に関する専門分野の書籍・論文はここに分類されます。

その一方で、忙しい人あるいは専門外の人に二、三日で読んでもらいたい本を書きたくなることがあります。そういう本は車中で読んでもらってもいい。だからそういう本のときはあまり表現の密度を高くしない。適度な密度を保つ。

では適度な密度とは何であるかといえば――私は、それを実現するひとつの方法として「口述筆記」がふさわしいと思っています。

口述には、わりあい読みやすい密度にする力があります。というのも口述は、著者である私が一定の場で一定時間しゃべりつづけるわけですから、頭のなかに無いことはいえません。常日頃《つねひごろ》、考えたり感じたりしていることしか話すことはできない。しかも当然のことながら、頭のなかにはそれほど細かなデータが入っているわけではありません。したがって口述では私が考えていることの大筋をしゃべる。細かなデータや資料はそのあとで付け加えればいい。

このように口述には、①大筋を外《はず》さず、②しかも聞くに堪《た》える内容がある、という大きな特徴があります。だから私は、口述本は軽視すべきではないし、必ずしも内容が無いわけではないと思っています。いやそれどころか、内容が無かったら口述本はまとまらないと思っています。

げんに、養老さんの『バカの壁』も口述本だといいます。口述だからこそ、細部に拘泥《こうでい》せず、養老さんの思想のエッセンスだけ引き出して読みやすい本ができたわけです。

非常に優れた研究の成果を示すために、どうしても最初から最後まで密度が高くなってしまう本もあります。しかしその一方では、密度が高そうに見せたいがために、自分の頭のなかに無いことをあちこちの本から引っぱってきて難解そうに見せる本もある。やたらむずかしい表現を使ったり、横文字を連発したりする類の本です。そんな本は、読んでも結局何をいいたいのかわからない。読むだけ時間のムダ、というべきです。

速読するか丁寧に読むかという問題は書く側の発信の仕方によるといえます。緻密《ちみつ》に読むのに適した本もあるし、速読に適した本もある。速読できて内容がびっしりつまった本もあれば、高度な中身なのでとても速くは読めない本もあるし、密度は濃そうに見えるけれども実際は何をいいたいのか全然わからない本もある……という具合です。

第4章

読書の周辺

I 読書と人間

人間とは何か――ふたつの「量子的跳躍」

読書を通じてさまざまな体験をし、いろいろなことを知ったことは、私の人生にとって大きな財産です。ふつうではなかなか体験できないようなことを、読書を通じて知ることができたことはとても貴重な経験であったと考えています。

第1章でも触れたとおり、子供のころは『真田幸村』に打ち震え、『三国志物語』を読んで血湧《わ》き肉躍《おど》る思いをし、大人になってからは*Marjorie Morningstar*を読んで初めて英語の小説に感激することができました。こうした一連の感動はいうまでもなく文字の力によって引き起されたものですが、これは人間にしか味わうことのできない楽しみです。人間しか言語を操ることができないからです。

その意味で読書とは、言語を習得した人間だけに許された快楽といえます。別の言い方をすれば、読書というのは人間という存在にとってもっとも本質的な営《いとな》みといえるのです。

ここで私の人間観を簡単に述べておきます。

人間というものを知るためには、ふたつの〝quantum leap《クォンタム・リープ》〟を理解する必要があると思います。〝quantum leap〟というのは「量子的跳躍」つまり「非連続的飛躍」といった意味です。

有力な学説によれば――いまの地球は最初、太陽から飛び出した火の玉であったといいます。現在も太陽のなかには生物はいないはずだし、そこから飛び出した地球にも、最初は生物はいませんでした。火の玉であった地球はだんだん冷えてきて地殻が薄い卵の殻《から》のようになってきます。この時点でもまだ生物はいなかったと推定されています。しかし何らかの作用によって、その無生物状態のなかから生命が生まれました。無生物の状態から生命が出てきたわけですから、これは「連続」ではありません。ぴょんと溝を飛び越えたようなものである。これが〝quantum leap〟です。

無生物の状態からの生命の誕生。これが非連続的な跳躍です。これがなければ人間の誕生もありません。

そうして生命が生まれてからは、大筋ではダーウィンの「進化論」でいわれているような流れをへて、いろいろな生物が出てきました。そして、いちばん高級とされる動物（類人《るいじん》猿《えん》）にいたったとされています。

ではｙ、人間はどう位置づけられるのか。いいかえれば、類人猿とわれわれ人間はどこがちがうのか――。

ＤＮＡ（遺伝情報をになう物質）の研究によれば、類人猿と人間は二パーセントもちがわないそうです。二パーセントの差であれば、ほとんど同じだといってもいいように思いますけれど、この二パーセントの差がきわめて大きい。その差は「霊魂」の有無《うむ》だといわれているからです。

人間は霊魂をもつようになって、類人猿から人間になった。これが二度目の〝quantum leap〟です。それによって、「不滅の霊魂」をもった人間が出現した。

アリストテレスの時代から、「植物的生命」や「動物的生命」はそれ、そ、の、も、の、が無くなれば消滅するといわれていました。ところが人間の霊魂だけは、肉体が無くなっても残るとされたのです。プラトンなどは肉体を「魂の牢獄《ろうごく》」と呼んでいる（『パイドン～魂の不死について』岩波文庫）くらいですから、彼は「人間にとって本質的なのは肉体ではなく霊魂だ」という説に立っていたことはまちがいありません。

私は大学一年生のとき、フランツ・ボッシュという哲学の先生から、そうしたギリシア哲学について詳しく教えていただいたことがあります。ボッシュ先生はイエズス会の神父さんでしたが、アリストテレスの哲学にのっとって、人間と他の被造物とのちがいを説いてくださいました。

私はボッシュ先生によって――人間とほかの動物とは本質的にちがうこと、全宇宙や全世界は人間が利用するために神によって与えられたものであること、そういったことを徹底的に教えられました。

「不滅の霊魂」について

唐突に「量子的跳躍」とか「霊魂の不滅」というと、急にオカルティズムにかぶれたのではないかといわれそうですが、そうではありません。いま見たように、私のような見方にはプラトン、アリストテレス以来の哲学的伝統があるのです。

あの漱石も「霊魂」を信じていたことは彼の書簡からも明らかです。

死んだら皆に棺《ひつぎ》の前で万歳を唱へてもらひたいと本当に思つてゐる、私は意識が生のすべてであると考へるが、同じ意識が私の全部とは思はない。死んでも自分〈は〉

ある、しかも本来の自分には死んで始めて還《かへ》れるのだと考へてゐる。(大正三年十一月十四日、岡田耕三あて。『漱石全集』岩波書店、原文のまま)

これに似たような述懐は『漱石書簡集』(岩波文庫)にはたくさん出てきます。

また、禅宗の僧侶《そうりょ》で芥川賞作家でもある玄侑宗久《げんゆうそうきゅう》さんの『中陰《ちゅういん》の花』(文春文庫)という小説には、人が死ぬとその魂が水蒸気のように宇宙いっぱいに広がっていくイメージが記されています。仏教は質量不滅の法則にのっとっているから、死んでもすべてが無と化してしまうとは考えないようです。げんに、タイトルになっている「中陰」というのは、人が亡くなって次の生を受けるまで、この世に浮遊している期間のことをさすそうです。だからその小説によれば、亡くなった人の霊魂は、蒸発した湯気《ゆげ》のように部屋の窓から外へどんどん出ていき、やがては大空いっぱいに広がり、さらには宇宙全体に遍《あまね》く流れてゆくと書かれています。

人が死んでもすべてが無くなるわけではない、霊魂は不滅なのだ――という考え方は広く世界中に見られます。ネイティブ・アメリカン(いわゆるインディアン)に見られるアニミズムの思想など、その典型でしょう。

私も、ほかの動物は肉体が滅びれば何も無くなってしまうけれど、人間の場合、霊魂は無くならないと考えています。少なくともその可能性は非常に高いと思っています。

あのパスカルも「奇蹟を体験した」といっています。

パスカルは有名な『パンセ』（中公文庫）のなかで繰り返し「奇蹟」について語り、それを証明しようとしていますが、その元になっているのは、一六五六年三月二十四日、パリのポール・ロワイヤル修道院で起きたひとつの出来事です。

ある人の手によって、キリストのイバラの冠の一部と称する聖遺物《せいいぶつ》がポール・ロワイヤル修道院に持ち込まれると、尼僧《にそう》たちはそれを安置して拝むようになります。修道院にはパスカルの姪《めい》マルグリット（十歳）が預けられていましたが、彼女は当時重い涙腺炎《るいせんえん》に苦しんでいましたので、尼僧たちがイバラの冠を拝んでいるのを見ると、自分の目をそこに押しつけ、涙腺炎の快癒を祈りました。すると、たちまち目の腫《は》れが引いたというのです。医者も驚いたといいます。そこで教会も慎重に調査を重ねたところ、これは明らかに「奇蹟である」と認められたといいます。

こうした体験を踏まえてパスカルは、奇蹟も存在するし、霊魂も不滅であるといっています。

無生物から生命が生じたのが最初の〝quantum leap〟。

そして、その生命がさまざまな進化論的プロセスをへて高級類人猿にいたった。その類人猿までは「死」とともに精神もまた滅びるであろう。ところが人間にいたると、「不死の霊魂」が生じる。これを第二の〝quantum leap〟といわずして何と呼ぶか……。

もちろん、これはあくまでも仮説ですけれども、私はそう考えることができると思っています。

読書は最も人間的な営みである

では、第二の〝quantum leap〟はどこにあらわれているか。

これも仮説ですが、私は言語に関する能力にあらわれていると思っています。言語だけは人間以外のいかなる動物ももっていないからです。いくら類人猿が利口だといっても言語だけはもっていない。人間以外の動物は、不滅の霊魂をもっていないように言語ももっておりません。

言語には、最低三つの要素が必要です。

①子音と母音を自由に組み合わせられること。

②音と意味のあいだには必ずしも必然的な関係がないこと。

たとえば、犬が「キャンキャン」と鳴けば、「悲しい」とか「痛い」という意味です。このように、人間以外の動物の場合は「音《おん》」と「意味」はつねに一定の結びつきをもっています。

ところが人間の場合は、たとえば喜ばしい状態をさすのに、「うれしい」といったり、"glad"といったり、"happy"といったりする。これがドイツ語やフランス語になると、またちがった言葉（音声）になる。「音《おん》」と「意味」のあいだには一定の結びつきはありません。両者のあいだには恣意的《しいてき》な関係しかないのです。

③したがって、人間のボキャブラリーは無限である。

「音《おん》」と「意味」を自由に（恣意的に）組み合わせて言葉をつくれるわけですから、人間の言語はいくらでも増やせます。じっさい、いま地球上で使われているボキャブラリーは何万なのか何千万なのか、わかっておりません。

日本語だけとってみても、古代語、平安朝時代の言葉、江戸時代の言葉、現代語、さらに方言があります。そしてそのそれぞれにみな辞典がある。

世界中にはたくさんの民族があって、しかも毎日毎日ボキャブラリーは増えていますから、その数は「無限」といってもいいでしょう。数え上げようとしてもキリがない。

この三つの能力は動物にはありません。だから、人間の言語能力と「不滅の魂」とのあいだには非常に強い結びつきがあるのではないかと考えられます。

私の仮説による第二次〝quantum leap〟のあらわれである「不滅の霊魂」――それをもつようになった人間を象徴するものが言語能力であり、そこから文字も生れた。その結果、人間は(文字によって)時間および空間を超越することができるようになったといえます。手紙を書けば「空間」を超えることができるし、遺言を書けば「時間」を超えることができる、といったふうに時空間《じくうかん》を超えることができるようになったのです。

時間と空間を自由に超えることのできるものとして文字が生れたわけですから、文字の世界には、真に人間としての能力がはたらいた結果としての巨大な蓄積がある。その巨大なる蓄積に近づくいちばん良い方法は「活字の船」に乗って行くことである。すなわち読書であると、私は考えているのです。したがって読書というのは、最も人間的な営み、最も人間的な経験であるといっていいでしょう。

II 読書と経験

「昭和史」論の原点は佐々木邦の小説

私は最近、昭和史に関連した本を何冊も書いています。

・『昭和史〜松本清張《まつもとせいちょう》と私』（ビジネス社）
・レジナルド・ジョンストン『紫禁城《しきんじょう》の黄昏《たそがれ》』監修・解説（祥伝社）
・『東條英機《とうじょうひでき》　歴史の証言〜東京裁判宣誓供述書を読みとく』解説＋編（祥伝社）
・国際連盟調査報告書『全文リットン報告書』解説＋編（ビジネス社）

いずれも重要な意義をもった本で、類書にない特徴を有していると自負しています。

こうした一連の作品をまとめるとき、ひとつのバネになったのは子供のころからずっと愛読してきた佐々木邦《ささきくに》の小説でした。

佐々木邦の小説は、このごろはほとんど読まれないと思いますが、戦前は全集も出て、大人のあいだでもたいへん人気のあった作家です。少年たちにも大いに読まれました。佐々木邦の作品は、明治の終りごろから大正をへて、昭和がせちがらくなるあたりまでの時代における、日本のごくふつうの階級の人々の生活を活《い》きいきと描いています。たとえば、『珍太郎日記《ちんたろうにっき》』（『佐々木邦全集』所収、講談社）という作品は旧制高校の英語の先生の家庭の話ですが、こんな調子です。


この間乃公《おれ》が家の門の前で遊んでいたら学生が二人通りかかって、その一人が、

「おい、君、これが上村の小僧だよ」

と乃公を顎《あご》でしゃくり指《さ》しながらもう一人に教えた。すると相手は、

「争われないものだなあ。親爺《おやじ》そっくりの皮肉な顔をしているぜ」

と感心したように言って寄って来た。

「おい、小僧さん、親爺にね、稀《たま》には病気になって欠勤するようにと言って置いておくれよ」

と頼んで行った。お父さんが乃公のことを家の小僧と言うものだから、見知りもし

ない書生っぽうまでが乃公を小僧呼ばわりする。失敬な奴だ。

『次男坊』(『佐々木邦全集』所収、講談社)という小説は堀尾《ほりお》家の次男坊に生まれた正晴《まさはる》君の出生から大学卒業までのエピソードを綴《つづ》った小説です。

次男坊の正晴君はこの物語の主人公になるぐらいだから、惣領《そうりよう》の玉男君とは違っていた。玉男君は極《ご》く温順で可もなく不可もない。現に陸軍予備少尉、青年会長、消防組小頭《こがしら》なぞと数々の名誉を荷って、茂作老人を補佐している。正晴君に至っては東奔西走、滅多《めつた》に郷里に寄りつかない。なまじ主義主張がある丈《だ》け厄介だ。行く先々で問題を起す。苟《いやしく》もの初め、生れ落ちる前からして唯事《ただごと》ではなかった。

「あなた、どうも今度は変ですよ」

とお母さんは心配した。それでいつもより早めに産婆《さんば》に見せると、

「これは私の手一つじゃむずかしゅうございます」

とあった。俗にいう逆《さか》さ子《ご》で、打っちゃって置くと足から先へ生まれる難物だ。しかし何《どう》することも出来ない。産婆が揉《も》んで位置を直しても、一日二日でまた旧《もと》の逆《さかさ》に

戻る。茂作さんは近くの町の産科院長に頼んで、催しのあり次第に来て貰《もら》うことにして置いた。ところが生まれそうでナカナカ生まれない。下男が町へ駈《か》けつける。院長さんが村に乗りつける。産婦はもうケロリとして、

「不思議でございますよ。先生がお見えになると、お腹《なか》の痛みが止まってしまいます」

と気の毒がる。こんな騒ぎを幾度も繰り返させた後、正晴君は油断を見澄まして突如呱々《ここ》の声を揚げた。産婆さえ間に合わない。而《しか》も至極安産だったのは、いざという場合にクルリと方向を転換して、規則通り頭から生まれたのである。君子豹変《くんしひょうへん》、正晴君は今日でも屢《しばしば》この手を応用する。生来だ。

こんなくだりを読んだだけで、戦争がはじまる前の大正、昭和の時代の家庭のようすや出来事が、明るく、しかも楽しく描かれていることがわかると思います。私は子供の時から、佐々木邦の少年小説も、大人の小説も愛読しながら育ったのです。

ずいぶん前のことですが、こうした佐々木邦の全集を読み返していたとき私は、「戦前の日本は暗かった」とか「日本は悪い国だった」というのはおかしいんじゃないかと思うようになりました。なぜなら——佐々木邦のこんなに明るい小説があったではないか。こ

の作品のどこが暗いというのか。悪い時代であればこんなに楽しい作品が生れるはずがないではないか、と。

これが私の「昭和史」論の出発点（あるいは原点）のひとつになっています。

佐々木邦の小説が書かれた時代の日本がどうして暗黒だったというのか。どうして軍国主義一色の時代だったというのか。彼の小説にはイデオロギーなど何もありません。サラリーマン社会や一般家庭の日常茶飯事《にちじょうさはんじ》を、ユーモア感覚をもって描いているだけです。非常に人気ある作家で、戦前にすべて大冊で十巻ぐらいの全集も出ている。だからこそ、そこから時代のほんとうの姿が浮かび上がってくるのです。

公職追放を促進した「赤い人たち」

そう考えてハタと思い当ったのは、戦後になって戦前の日本の歴史を貶《おとし》めてきた人たちは、かつて日本を転覆《てんぷく》させようとしたコミンテルン（モスクワを中心とした世界共産主義運動）に直接属していたか、それに共鳴した人たちであったという事実です。そうした反日的な日本人たちが戦後、共産党や社会党、大学やマスコミにひとつの知的空間を築き、戦前の日本を悪くいいつづけ、日本人を洗脳《せんのう》するようになった。私はそういうことに思い当ったのです。

その一方、戦後間もなく「公職追放令」が出された、という事実があります。公職追放というのは、戦前の日本にあって重要な地位を占めていた人たち二十万人以上を公職から追放し、いっさいの発言を封じ、それに代わって左翼的な人物をその後釜《あとがま》に据《す》えようとした出来事です。

この公職追放令を出したのはどこかというと、もちろん占領軍（ＧＨＱ）の民政局でした。中心となったのは左翼のケーディス大佐（民政局次長）、彼の右腕になったのはハーバート・ノーマンという外交官でした。ノーマン氏は、のちに一橋大学の学長になった都留重人《つるしげと》氏などと連絡を取り合っていたと思われます。

ケーディス大佐がコミンテルンのエージェントであったことは証明されておりませんけれども、札つきの左翼であることは確かです。

一方のノーマン氏はカナダ人ですが、当時はＧＨＱのＣＩＤ（対敵諜報部《ちょうほう》）に所属していました。日本では『忘れられた思想家』（岩波新書）や『日本における近代国家の成立』（岩波文庫）で知られる学者・外交官ですが、れっきとしたカナダ共産党員でしたから、終戦直後すぐ府中刑務所へ出向いて獄中にいた共産党員を釈放するなど、日本の「赤化」に奔走しています。

このノーマン氏は戦後日本では絶大なる尊敬を集め、その全集は岩波書店から出ています。しかし駐エジプト大使としてカイロに赴任していた一九五七年（昭和三十二年）、コミンテルンのエージェントであることを暴かれて自殺をしています。

都留重人氏は戦前、左翼だったために日本にいることができなかったのでアメリカへ行き、ノーマン氏と親しい関係にありました。かつて私は、日本船舶振興会の会長だった笹川良一《ささかわりょういち》さんから英文のレポートを見せてもらったことがありますが、そのなかに〝our agent, Turu Shigeto〟（われらが工作員、都留重人）という文字があったことはいまでも鮮明に覚えています。

そういう左翼の人たち、あるいはその仲間や手下たちが二十万人にものぼる公職追放リストを作成し、そして戦前の有力者を追放したあと、空席ができるとそこに自分たちの息のかかった人物を押し込んだのです。げんに、前述したように都留氏自身、戦後は一橋大学の学長に就任しています。

それが「戦後」という時代でした。

戦前の左翼たち

ところで、戦前の日本共産党は「コミンテルンの日本支部」でしたから、指令もカネも武器も、みなコミンテルンを通じてモスクワからきていました。そして、日本に革命を起し、皇室をつぶし、私有財産制度を廃止しようという運動に邁進《まいしん》していました。もっとも、正式な共産党員の数はかなり少なかったし、また日本の警察はきわめて優秀でしたから、彼らにはほとんど実質的な活動をさせませんでした。しかし共産党のシンパの数はけっして少なくはありませんでした。

この「コミンテルン→日本共産党」というルートとは別に、「ミュンツェンベルク・ネットワーク」いわれるものもありました。レーニンから指令を受けたウィリー・ミュンツェンベルクという男がベルリンで仕掛けた地下の赤化《せきか》ネットワークです。これについては最近中西輝政《なかにしてるまさ》氏（京都大学教授）が詳しくのべておられます。

当時の日本の一流の学者たちはまずドイツに留学しましたから、ミュンツェンベルク一派はベルリンにやってくる日本人留学生たちを赤化させ、それから日本に送り返して学界や芸術界を左翼化させようとしたのです。このミュンツェンベルク・ネットワークの関係者としては、のちにお茶の水女子大の学長をつとめることになる政治学者の蠟山政道《ろうやままさみち》、法政大学の総長をすることになるマルクス経済学者の有沢広巳《ありさわひろみ》、戦後NHKの会長に就任した高野岩三郎《たかのいわさぶろう》……といった人々の名が知られています。

ミュンツェンベルク・ネットワークはさらに、日本人外交官やビジネスマンの取り込みにも魔手を伸ばしていました。コミンテルンに操られるだけであった日本共産党を完全にナメて、「あんなものは警察に完全に把握されている」といってまるで相手にせず、独自に日本人を洗脳し、帰国させていたのです。しかも党員になることは求めなかった。

そうして左傾化して帰国した人たち、あるいは共産党員とそのシンパは、もちろん治安維持法適用の対象者とされました（ちなみに、治安維持法には最終的に「死刑」が盛り込まれたため、戦後は「悪法」といわれているが、実際に死刑になった人はひとりもいないという事実は意外に知られていない）。だから、絶えず怯《おび》えていなければならなかった。そこで彼らが、「戦前は暗い時代だった」といいだしたのです。

これが「戦前」の状況です。

戦後日本に凱旋した反日教授

左翼的な連中は戦前、日本に革命を起こし、皇室をつぶし、私有財産制度を廃止しようと考えていたわけですから、もちろん帝国大学にとどまることはできませんでした。ところが戦後に入り、戦前、有力な地位に就いていた人たちが公職追放令によってその地位を追われると、彼らがそれに代って、あたかも凱旋将軍《がいせんしょうぐん》のごとく学界や言論界に戻ってきたのです。

ここではわかりやすい例だけ挙げておきましょう。

東京帝国大学の経済学部助教授だった矢内原忠雄《やないはらただお》氏は、シナ事変がはじまった年の昭和十二年、講演で「日本の理想を活かすために一先《ひとま》ず此《こ》の国を葬ってください」としゃべって帝国大学を辞めました。

大内兵衛《おおうちひょうえ》氏も、やはり東京帝国大学の経済学部の教授でしたが、昭和十二年、コミンテルンの呼びかけに応《こた》えて組織された「人民戦線」に連座して大学を辞めさせられています。

滝川幸辰《たきがわゆきとき》氏は、京都帝国大学の法学部教授時代、「犯罪は国家生活のアンバランスから起るのに、国家が犯罪者に刑罰を科するというのは矛盾である。犯罪はいわば国家が受けるべき刑罰なのである」などと発言したり、無政府主義的な刑法の本を書いたために、昭和八年、大学を辞めさせられました。

みな、戦前、帝国大学を追われた人たちです。しかし考えるまでもなく、彼らが大学を追放されるのは当然です。帝国大学といえば、天皇陛下がお建てになった大学、という意識が強かった時代です。その帝大の教授がコミンテルンとの関係を疑われたり、国を侮辱するような発言をしたり、あるいはソ連の手先と見られたりしたら、大学にいることはできません。

そんな人たちが戦後、公職追放令で空《あ》きができたポジションに一斉に凱旋将軍の如く颯《さっ》爽《そう》として復活してきたのです。

矢内原忠雄氏は昭和二十年、東京大学の経済学部に復帰、二十六年には東大総長になっています。

大内兵衛氏は戦後すぐに東大に復職。退官したのち、昭和二十五年には法政大学の総長に就任しています。しかも、左派社会党のイデオローグであったにもかかわらず、政府の経済関係の各種委員会の委員長を歴任しています。

滝川幸辰氏は昭和二十一年に京都大学に復帰、二十八年には京大総長になりました。

戦前、「アカ」と疑われ大学を追放された人たちが、戦後はアカデミズムの世界に凱旋してきて、しかも大学の世界では位人臣《くらいじんしん》をきわめたわけです。彼らにすれば、それもこれも日本が戦争に敗れたおかげです。日本の敗戦がなければ大学を追われたままだったことでしょう。

だから、彼らが自分たちを痛めつけた「戦前」を悪《あ》しざまに罵《ののし》り、東京裁判および公職追放令をへたあとの「戦後」を褒めそやすのは当然の成り行きなのです。「戦後」の恩恵を特別にたっぷり享受したこの人たちが「戦前」の日本を褒めるはずがありません。「戦前の日本は軍国主義で悪い国だったが、戦後、日本はいい国になった」といいつづけるに決まっているのです。

さらに、進駐軍の方針で新制大学が全国各地につくられるようになると、彼らはそこに自分の弟子たちを教授として送り込みました。そのため、日本のアカデミックな世界はあたかも進行性のがん細胞に侵されたがごとく、あっという間に左翼化してしまいました。

彼らの弟子たちも、日本が負けたおかげで大学教授になれたわけですから、戦前の日本を褒めるはずがありません。自分の先生たちの口真似《くちまね》をして戦前の日本を貶《おとし》めつづけました。かくて、「戦前の日本は軍国主義で暗い時代だった」というプロパガンダが教育界やジャーナリズムに広がることになったのです。

私は幸いにして英文科にいましたから、そうした「赤い先生」たちから悪い影響を受けることはありませんでした。英文科の先生というのは概してイデオロギーに毒されていなかったからです。そう考えてみると、ソ連瓦解《がかい》以前から健全な言論活動をつづけている人たちはほとんど法学部や経済学部の出身ではなく、外国文学科の出身であることが納得できます。小堀桂一郎《こぼりけいいちろう》さんや西尾幹二《にしおかんじ》さんはドイツ文学科だし、佐伯彰一《さえきしょういち》さんや私は英文科の出身です。みな、恩師が戦前に大学から追われたような人たちではありませんでしたから、戦前の日本が真っ暗だったわけではない、という正常な感覚をもっているのです。

歌謡曲からもわかる「戦前の日本」

戦前の日本はけっして暗いわけではなかった――という私の見方の背景には、前述したように佐々木邦の小説がありますが、戦前の歌謡曲もベースになっています。「読書」というテーマからはいささか脱線してしまいますが、当時の歌謡曲についても簡単に触れておきます。

私が育った家には歌謡曲のレコードがたくさんありました。両親はけっして歌をうたいませんでしたけれど、聞くのは好きだったようで、よくレコードをかけていました。それをそばで聞いていた私も自然に歌を覚えてしまいました。

そうして覚えた当時の歌謡曲を思い出してみても、「戦前の日本は暗かった」というのはアホじゃないかと思えてきます。たとえば門田《かどた》ゆたか作詞の「東京ラプソディー」。

花咲き花散る宵も
銀座の柳の下で
待つは君ひとり　君ひとり
逢《あ》えば行く　喫茶店《ティルーム》
楽し都　恋の都
夢の楽園《パラダイス》よ　花の東京

これが二・二六事件が起った年、昭和十一年の歌です。この歌のどこが暗いというのですか。

翌十二年にシナ事変がはじまりましたが、昭和十五年あたりまでは明るい歌がたくさんありました。私が通った小学校の近くには公園があって、そこに桜の木が植わっていましたので、花見の季節になると屋台が出て非常ににぎやかでした。みな、呑《の》み食いしながら歌をうたっていたものです。そこで否応《いやおう》なく、当時はやっていた歌は耳に入ってきました。

ハア咲いた咲いたよアリャサ
弥生の空にヤットサノサ　アリャヤットサノサ
さくら　パット咲いた
咲いた咲いた咲いた　パット咲いた
大和心の　八重一重　ソレ
シャンシャンシャンときて
シャンと踊れ　サテシャンと踊れ

など花見の唄がにぎやかでした。また山野三郎作詞「もしも月給があがったら」、サトウハチロー作詞「うちの女房にゃ髭《ひげ》がある」などという流行歌もありました。みな明るい歌ばかりでした。

若しも月給が上がったら
私はパラソル買いたいわ
僕は帽子と洋服だ
上がると良《い》いわね
上がるとも！
何時頃《いつごろ》上がるの　何時頃よ
そいつ〜が解れば苦労はなーい

子供だった私が知っているくらいですから、周囲の大人たちはみな歌っていました。そんな日本がどうして暗いのですか。念のためにいっておけば、ここにあげた歌詞は、すべて私が今でも覚えているものばかりで、記憶によって書いたものです（したがって細かいところで違っているかも知れません）。

こうした事実から私は、戦後の進歩的文化人の吹聴《ふいちょう》してきた「戦前暗黒史観」はウソだと直感しました。いまでは彼らのデマも次第にバレてきましたが、これまでは戦前は冷や飯を食わされていた人やその弟子たちが「日本は悪い国だった」という東京裁判史観を日本中にバラまいてきたのです。公職追放令のおかげで戦後世界に凱旋してきた人や、その弟子たちが大学や、岩波書店、朝日新聞、NHKといったジャーナリズムで重要な地位を占めてきたのも見逃すことのできない事実です。

しかし私は佐々木邦の小説を読んでいましたから、そんなデタラメには惑わされることはありませんでした。当時の歌謡曲を思い出しながら自分の頭で考えてきましたから、彼らに洗脳されることもありませんでした。

こういうところにも「読書の力」があるように思います。

III 読書と時代

ハマトン『知的生活』との出会い

本も時代とともに受容のされ方がずいぶん変ります。

その例として私はよくハマトンの*The Intellectual Life*、つまり『知的生活』（講談社学術文庫）を挙げるので、しばらくこの本について語ってみたいと思います。

ハマトンのこの本は戦前、石川林四郎《いしかわりんしろう》という東京高等師範の先生で、「大正時代の日本で最も英語ができる人のひとり」といわれた人が素晴らしい註をつけた版が出ていました。そのせいもあってか、旧制高校の入学試験ではこの本からよく問題が出されたものです。

大学三年の春休みに入る直前、四年生になったら英語で卒業論文を書かなければならないのでどんな文体で書いたらいいか、いろいろ頭をひねったことがあります。シェイクスピアは名文だといわれていますが論文には似合わない。マコーレーは日本でいえば幸田露伴のような文体だからむずかしすぎる……。そこで私は、千葉勉《ちばつとむ》という先生に「英文の手本にするにはどんな本がいいでしょうか」とお尋ねしました。

千葉先生は漱石の次か次ぐらいに文部省留学生としてイギリスに留学された非常に優秀な先生でした。漱石が東京帝大を辞めたあと、後任の英語教授として招かれたジョン・ロレンスという先生から「最も愛された弟子」としても有名な人でした。その千葉先生がなんの躊躇《ちゅうちょ》もなく挙げられたのが、ハマトンの*The Intellectual Life*でした。「あれはいい文章だよ」と推薦してくださったので、私はさっそく神田の古本屋へ出かけて、*The Intellectual Life*を買ってきました。

ハマトンの文章は入学試験によく出題されましたから、古本屋へ行けば石川林四郎の注釈本も原書もたくさんありました。それを買い込むと、春休みに田舎へもって帰り、ハマトンに倣《なら》って英文のスタイル（文体）を身につけようと努力しました。

休みのあいだじゅう毎日一ページぐらい読んではノートに訳文を書き、翌日、その訳文を見ながら英語に訳し直して、その英文をハマトンの原文と比べるという作業をつづけたのです。これは、ベンジャミン・フランクリンが「スペクテイター」という新聞の文章を真似して自分の文体をつくり上げた、というエピソードを見習った文章修行法でした。このフランクリンの話は佐藤順太先生に習って覚えておりました。

『フランクリン自伝』（岩波文庫）にはこうあります。

このころたまたま私はスペクテイター紙の半端物《はんぱもの》を見つけた。第三巻だったが、この新聞はそれまでに一巻も見たことがなかった。私はこれを買い求めて再三熟読しているうちに、大変面白く思われてき、立派な文章だから、できれば真似てみたいと考えた。その目的から、同紙の文章をいくつか選び出し、一つ一つの文の意味について簡単な覚え書を作り、そしてそれを数日間放っておいてから、今度は本を見ないで、頭に浮んで来る適当な言葉を使って覚え書にしておいた意味を引延《いんえん》し、原文にできるだけ近く表現しながら、もとの文章に戻すことを試みた。それから原文と私の書いた文章とを比べ、誤りを見つけては訂正した。

ちなみに、「スペクテイター」というのは新聞ですが、当時は合本《がっぽん》になって売られていました。だから「半端物の第三巻」という表現が出てくるのです。

私もフランクリンの故知《こち》にならって、春休み中、文字どおり愚直に文章修行をつづけました。ただし、周知のように*The Intellectual Life*は大冊ですから、全部の文章についてそうした作業をするわけにはいきません。そこで私が選んだのは次のような箇所でした。

第三章　八節　現代語を学ぶ学生へ
　　　　九節　再び、現代語を学ぶ学生へ
　　　　十節　記憶力が悪いと嘆いている学生へ
第五章　三節　きわめて貧しい学生へ

こうした勉強をつづけるうちに、ハマトンの文章の良さがわかるようになりました。ひと言でいえば、きっちりした文体で、妙に凝ったところがない。非常に平明で達意の文章です。

ところが、文体を学ぶのに一所懸命だったものですから、卒業論文を書いて数年たつあいだに、*The Intellectual Life*に何が書かれていたのか、肝心の中身のほうはすっかり忘れてしまいました。当時の私にとって内容のほうはあまり眼中になかったということでしょう。

『知的生活の方法』の舞台裏

それから約二十年後の一九六八年（昭和四十三年）、前述したように私はフルブライトの招聘《しょうへい》教授として一年間アメリカへ行き、そして帰国しました。まだベトナム戦争も大学紛争もつづいていたことを覚えています。

しばらくすると大学紛争も終わり、それまでの日本とはちょっとちがったムードが出てきたように感じました。いまの人には追体験のしようがありませんが、高度成長の熱が冷めてきた――といった感じです。世の中がどこか落ち着いてきたような感じ、といえばわかるでしょうか。

果たして、七〇年安保も無事に終わり、高度成長も一段落しました。

そこで私は、待てよ！　と思いました。なにかハマトンがいいことをいっていたんじゃないか、と。そこで*The Intellectual Life*を読み直してみました。もちろん、今度は内容に注目しながら読みました。すると、非常にいいことが書いてある。しかも経験豊かな学識者が直《じか》に私に向って親しくしゃべりかけてくるような感じがある。だから私はいちいち、「そうだ、そうだ」とうなずきながら読み進み、ページのあちこちにアンダーラインを引いていきました。

　ハマトンのいう「知的生活」とは、ひと言でいえば、「ドグマにとらわれず、自分で納得しなければ済まない心的態度・姿勢」ということになると思います。戦後のマルクス主義全盛時代の狂乱を苦々《にがにが》しく見てきた私は、いまこそ日本人にもそうした「知的生活」が必要なのではないかと考えるようになりました。

　じっさい、日本の七〇年代の落ち着いたムードはどこかイギリスのヴィクトリア朝時代（十九世紀中葉〜後半）に通じるものがあるのではないか、と想像しました。そこで、上智大学にいらっしゃった有名なシェイクスピア学者のピーター・ミルワード神父さんにそういうと、ミルワードさんも大いに同意してくれました。そこで私は、たまたま企画の相談にやってきた講談社の編集者・浅川港氏に、「知的生活というテーマはどうだろう」といってみました。最初はあまり気のなさそうな返事でしたが、二、三日してまたやってくると、今度は「アレ、いいんじゃないですか。先生、『知的生活の方法』でいきましょう」といってくれました。そうして『知的生活の方法』という講談社現代新書を書くことになったのです。

　したがって私の『知的生活の方法』はハマトンから刺激を受けてできた本ということが

できます。ただし具体的な内容はハマトンとはあまり関係がなく、「知的生活」という言葉だけ借用した格好です。

知的生活の大切さ

ハマトンの*The Intellectual Life*は、戦争もなく世の中がわりあい落ち着いているときにある種の人たちが憧《あこが》れる生活に結びついています。それが「知的生活」というタイトルにもあらわれています。

知的生活が必要だというのは、七〇年安保が終り、高度成長も一段落した当時の私の実感でもありました。というのも、それまでの日本には社会主義的な思想が根強く残っていました。戦争中はなにしろ統制経済ですから、自由主義ではなくて社会主義です。戦後も、今度はマルクス主義の全盛時代を迎えましたから、「生活を高める」とか「個人の生活を重視する」というより、まず社会が重視されていました。

そこで私はこう考えたのです。社会重視もいいかもしれないけれど、こうした落ち着いた時代は、それよりも個人が満足できる生活のほうが重要なのではないだろうか、と。

七〇年代というのは、私自身、教壇に立って十数年経過したころでしたから、いろいろな学生を見てきていました。優秀でも伸びない学生や先生がいることにも気づいていました。頭が悪いわけではないし勉強をしないわけでもないのに伸びない人、それは生活が悪いからではないか。知的生活をしていないからではないか。そう思って、これからの時代はもっと「生活」の面から見ていかなければいけないのではないか、と考えるようになりました。

そこで私の『知的生活の方法』では、書斎も重要だし、書斎にはクーラーをつけたほうがいいと、具体的なことまで書きました。日本のような蒸し暑い国では夏の三か月は勉強ができないから、軽井沢に別荘のある人は別として、クーラーをつけるべきである、と。

こんな意見はいまなら何ということもありませんが、当時はタブーに近いものがありました。というのも、クーラーが便利なことはわかるけれども、「クーラーをつけるべきだ」と書くと、「では、つけられない人はどうするんだ」という声が必ず返ってきた時代だったからです。「書斎をもて」というと、「住むところがない人だっているじゃないか」といわれる。すぐにそういう罵声《ばせい》が飛んでくる時代でした。

しかし私と同じ感覚の人も大勢いたということでしょう、幸い『知的生活の方法』は世に受け入れられ大ベストセラーになりました。本が売れたからだけでなく、読者の目を「生活」に向けさせることができたので、私はいまでも「いいことを書いた」と思っております。その後いろいろなかたとお会いしても、「先生の『知的生活の方法』を読んで志を立てました」とか、「あの本で勉強の仕方がわかりました」といわれることが多いことからも私の直感はまちがっていなかったのだと思っています。

ごく最近もテレビの収録である大学の法学部長とお会いすると、「学生のころ先生のあの本を読んで学に志したんです」といってくださいました。この三十年間、あちこちでそういわれつづけています。

そんな本を書くヒントが、ある意味で世界史のなかでいちばん良き時代であったヴィクトリア朝後期のイギリス人の知的生活者が書いた本、すなわち*The Intellectual Life*でした。その意味でも、私が『知的生活の方法』を出したあたり（昭和五十一年＝一九七六年）から日本もヴィクトリア朝時代のような良き時代に入りつつあったといっていいのではないでしょうか。

もうひとつ面白い話を付け加えておけば——『知的生活の方法』がベストセラーになったのでハマトンの*The Intellectual Life*のほうも弟子（下谷和幸氏）に協力してもらって新訳（講談社版『知的生活』）を出しました。すると、多くの人がハマトンの原書を読んでみたくなったのでしょう、*The Intellectual Life*は神田ですぐに売り切れて無くなってしまいました。当時は新刊本が無く古本しかなかったからです。そこで日本から外国の古本屋へどんどん注文がいくことになりました。でも、アメリカやイギリスの古本屋にだって、ハマトンの原書がそんなにたくさんあるわけがない。そこで結局、アメリカとイギリスの両国で*The Intellectual Life*のリプリント版が出されました。

ハマトンの人気再燃、リプリント版の刊行は日本発の騒動でした。そんな動きを受けて*The Intellectual Life*の原書の値段はいつの間にか一万円以上になってしまいました。

ハマトンはどう読まれてきたか

それ以来、私はハマトンのほかの本も全部読みました。そうすると、こういうことがわかりました。

ハマトンが*The Intellectual Life*を書いたのはヴィクトリア朝の後半です。発売されるや、たちまちベストセラーになり、かつロングセラーとなりました（この本の初版が出版されたのは一八七三年、すなわち明治六年のことである）。

最近も、日露戦争について書かれた本を読んでいたら――たしか奉天《ほうてん》だったと記憶しておりますが——そこの牧師館にハマトンの本が置いてあったという記述にぶつかりました。日露戦争のころ（一九〇四〜〇五年）、イギリスから満洲へ渡ったイギリスの牧師さんがハマトンを読んでいたわけですから、ヴィクトリア朝時代が終ってからも読まれていたことがわかります。*The Intellectual Life*の発行年度を調べてみると、二十世紀に入ってもずっと版を重ね、少なくとも一九二三年（大正十二年）あたりまでは売れつづけています。

それが突如、ハマトンも「知的生活」という言葉もまったく忘れ去られるようになった時期があります。第一次世界大戦（一九一四〜一八年）がはじまったときです。

戦争ですから「知的生活」などとはいっていられない。しかも、戦争が終るとソビエト政府ができ、それに対抗してドイツにはヒトラー、イタリアにはムッソリーニが登場し、イギリスでは労働党政府ができる。新しい国づくりをはじめたふたつの「イズム」——コミュニズムとナチズムの時代に突入すると、「知的生活」などというのんびりとした雰囲気はなくなってしまうのです。ナチズムもコミュニズムも全体主義ですから、個人の生活など、国家社会の前では「従」とされてしまう。そういう空気のなかでハマトンも完全に忘れられてしまうわけです。

私はイギリスの辞典や事典に当って、ハマトンに対する評価の流れを調べてみました。

十九世紀にサー・レズリー・スティーヴンという文芸評論家・哲学者の編集したDNB（*Dictionary of National Biography*）と呼ばれる『大英人名辞典』があります。サー・レズリー・スティーヴンという人は有名な女流作家ヴァージニア・ウルフの父親です。そのDNBを見ると、ハマトンについてはサー・レズリー・スティーヴン自身が執筆していて、彼の文章を激賞し、エッセイも絶賛し、美術評論家としても最高級の評価を与えています。

じっさいハマトンは、〝The Portforio〟（「画用紙ばさみ」）というイギリスで最初の本格的な美術雑誌を責任編集しています。そこに載せられた絵の複製やグラビア、評論・解説の質はきわめて高く、当時としてはこの分野で「第一級」といわれていました。一八六九年、彼が三十五歳のとき以来、六十歳で亡くなるまでの二十五年間、ずっと編集に携《たずさ》わっていましたので、十九世紀後半のアングロ・サクソン圏の美術・芸術界における彼の地位はすこぶる高かったのです。

そのほかの人名辞典を見ても、ハマトンを〝man of letter〟（文人）として評価し、文章も優れていると指摘しています。

『ブリタニカ百科事典』を見ても、第十版（一九〇二年）はハマトンの『自叙伝』や夫人の『回想』にもとづいて詳しく取り上げています。『知的生活』にも高い評価を与えられています。その姿勢はその後の版にも引き継がれ、第十三版まで変りません。

ところが第一次大戦後の最初の全面改訂版である第十四版になると、がらっと変ります。第十四版が出たのは一九二九年のことですが、エッセイストとしての価値は認めているものの、記述の量は一挙に十分の一ぐらいまで減っていて、*The Intellectual Life*のことも出てきません。単なる美術評論家として扱われている。これは、世界に吹き荒れたナチズム、コミュニズムを前にして「いまさら個人の知的生活でもあるまい」という編集部（あるいは当時の社会）の雰囲気を反映していると見ることができます。

そして第十五版（一九六三年）になると、ついに「ハマトン」という項目自体、無くなってしまう。

二十一世紀になって刊行された全六十一巻という厖大《ぼうだい》なイギリスの人名辞典には、さすがに「ハマトン」の項があります。前にも触れたようにハマトンはイギリスで最初の本格的な美術雑誌を出していましたので、美術評論家としての評価は高く、エッセイも評価されています。しかし文章に対する評価はありません。いわば、エッセイの文体を評価する能力が近年はなくなってしまったのです。

そんなふうに本家のイギリスではハマトンの文章に対する評価は消えてしまいましたが、

東海の日本では石川林四郎先生や千葉勉先生の衣鉢《いはつ》を継ぐ私が評価しつづけています。読書の世界ではそんな椿事《ちんじ》も起るものなのです。

IV 読書と発見

古い百科事典は貴重だ

私は自分が感心した本にのめり込む習慣があります。これが意外に世界に先駆《さきが》けるものであったことを証明したのが、ハマトンのリバイバルであり、もうひとつは旧版の百科事典の再評価でした。

私は終戦直後、親父《おやじ》に『ネルソン百科事典』（*Nelson's Encyclopaedia*）を買ってもらいました。ポケット版ですが、二十四、五巻あるイギリスのちゃんとした百科事典です。同じものは恩師・佐藤順太先生のお宅にもありました。

これは古い百科事典で、大型ではありませんが、ちょっと知りたいことを引くと、当時ではなかなか知りえないことがほとんど書いてありました。そこで、『ブリタニカ』などのもっと大きな百科事典を見たらどうだろう、ということが気になりだした。実際に『ブリタニカ』などを調べてみると、大きな百科事典には知りたいことが山のように書かれている。ちょっと驚きました。

そこで私はすっかり百科事典が気に入り、その後、仕事の関係もあって『ブリタニカ百科事典』は初版から最新版まで、すべて揃《そろ》えました。そうして『ブリタニカ』のすべての版を揃えてみると、奇妙な事実に気がつきました。時代が新しくなるにつれて私が知りたいことの情報量がどんどん減ってくるということです。

十九紀の終りごろの『ブリタニカ百科事典』第十版は三十六巻ありました。千ページ以上の厚い事典が三十六巻。ところがその後の版になると、だいたい二十四巻前後になってしまうのです。

やがて第一次世界大戦が起り、タンクが出現し、飛行機が飛び、さらに第二次世界大戦になると、原子力まで登場する。そうした新しい項目は全部、百科事典に収録されます。しかし巻数のほうは三十六巻から二十四巻に減って、一冊ごとの厚さも薄くなっている。

では、いったい何が削られたのか。

それはまさに私の専門分野に関する事項でした。西洋文化系の項目です。自然科学に関する項目がどんどん入ってきて文化系、あるいは文科系の記述がバサバサ削られている。

私がざっと計算したところでは、いまの新書判の本でいえば、数百冊分ぐらい文科系の記述が削られています。

たとえば『ブリタニカ』の第十版（一九〇二年）には、美術関係の〝drawing《ドローイング》〟や〝etching《エッチング》〟の項目があって、〝drawing〟については、美術に詳しいハマトンが書いた長い文章が収録されています。本一冊分ぐらいある。ところがいまの版には〝drawing〟や〝etching〟という項目自体なくなってしまっているのです。

そんなことを発見して、古い百科事典はじつに貴重だということに気づきました。また昔の百科事典は読んでみても面白いのです。

『ブリタニカ』第三版補巻の豪華執筆陣

さらに、以下のような発見もしました。

『ブリタニカ』が革命的に立派になるのは第三版からです。この評判がよくて、第三版には二巻の補遺がつきました。その後さらに六巻の補遺がついて、補巻は全部で八巻になりました。

それを見ると、〝chivalry《シヴァルリー》〟（騎士道）とか〝population《ポピュレーション》〟（人口）という大テーマが見出しになっている。それをだれが書いているのか――。署名を見ると、たとえば〝A〇〇〟といったような記号になっているので、執筆者がだれなのか、すぐにはわかりません。そこで調べてみたら、びっくりしました。大項目主義ですから、どの項目も新書判一冊分ぐらいの分量があるわけですが、「騎士道」はなんと痛快無比の歴史小説『アイヴァンホー』（岩波文庫）で有名な近代最初のベストセラー作家サー・ウォルター・スコットが執筆しているし、「人口論」は名著『人口論』（『世界大思想全集』、春秋社）の著者であるマルサスその人の手になるものでした。

私はそういう発見もしたのです。

ところが、私がイギリスに留学していた一九五八年当時はそういうことをだれも知りませんでしたから、『ブリタニカ』第三版の補遺は無価値同然でした。げんに、よく本を買っていたので昵懇《じっこん》になったエディンバラの古本屋では、「これ、少し傷《いた》んでいるけど欲しけりゃあげるよ」といって補遺の六巻をタダでもらったことがあります（これはのちに弟子に進呈し、私はもっときれいな六巻本を見つけた）。

その後、私は『ブリタニカ』第三版の補遺の重要性について論文を書きました。そこで、マルサスやサー・ウォルター・スコットの長大な論文が補遺の六巻に入っていることがだんだん知られるようになると、それを欲しがる人が大勢出てきました。しかし、補遺が出たのは十九世紀の初めですから、世界中探してもそうたくさんあるわけではない。そこで今度は日本でリプリント版が出されたわけですが、これはいまでも六巻で十五万円ぐらいしています。

このように、補遺六巻の重要性に気づいたのは私が最初でした。それまで、欧米の学者はだれも気づかなかった。

そんな経験もあるから私は弟子たちに、置き場所さえあれば古い百科事典を集めたほうがいいと奨めてきました。もっとも、私のように『ブリタニカ』の初版から第十五版まで、全部集めた酔狂《すいきょう》な人間はあまりいないと思います。

一七七八年から八三年にかけて出た『ブリタニカ』の第二版はなかなか見つからず、探し出すのに苦労しました。初版は三巻だけだし、「初版だから」といって珍重《ちんちょう》する人がいますけれども、第二版以降の古い百科事典を取っておく人はあまりいないからなかなか見つからなかったわけです。しかも第二版は全部で十巻ありますから取っておくにも場所を取るし、その後、第三版というものすごくいい版が出ると捨てたりパルプにしてしまったため、世界中探してもほとんど残っていないのです。

ところが私の場合は、幸い古本屋さんが見つけ出してくれました。値段は当時三十万円前後だったと記憶していますが、それを一割引いてもらって手に入れました。すると、それからひと月たつかたたないうちに、第二版が一セット市場に出たのです。それがなんと三百万円。

さっそく第二版を売ってくれた古本屋さんから電話がかかってきました。「先生、宝にしてくださいよ」といっていましたけれど、心のなかでは「儲《もう》けそこなった！」と地団太《じだんだ》踏んでいたのではないでしょうか。

本家に先駆けた「イギリス国学」の発見

私は、イギリス人はヘンリー八世の時代（一五〇九～四七年）の学問の勃興《ぼっこう》を「国学」として把握する視点をもたなかったのではないか、ということにも気づきました。そこで書いたのが『イギリス国学史』（研究社出版）という本です。

簡単にいえば、ヘンリー八世は宗教改革をやって修道院をみな壊してしまいました。そのため、彼の娘のエリザベス女王の時代にイギリスはローマ・カトリックから離脱してイギリス国教会になります。そこでいちばん重要なポイントは、牧師さんたちがローマ・カトリックから独立して、自分たちの教会をつくったことです。

この牧師さんたちは結婚していました。周知のようにローマ・カトリックでは、聖職者は結婚できませんから、牧師さんたちは自分たちの結婚を正当化しなければならなくなった。そこでどうしたかというと、それ以前は全然顧《かえり》みられることのなかったオールド・イングリッシュ(古英語)の時代の文献を重んじるようにしたのです。

オールド・イングリッシュの時代のイギリスには、ローマ法などとはまったく別の世界がありました。法律もまるでちがう。カトリック教会でも、「神父や牧師は結婚してはならない」などという規定はなかった。

そこで牧師さんたちは「過去の訓《おし》えに戻れ」といって、中世のカトリック教会より以前の時代に戻ろうとしたのです。それがほんとうのイギリスの教会の姿なのだ、として、十二世紀以前の文書も初めて印刷された。

発想法としていえば、日本の国学者が「漢文が入ってくる前の大和言葉《やまとことば》に戻れ」といったのと非常に似ています。じっさい、イギリスで初めてオールド・イングリッシュの研究がはじまったのはヘンリー八世の時代でした。

オールド・イングリッシュというのはドイツ語の方言のようなものです。たとえばいまの英語では、定冠詞は〝the〟ひとつですが、ドイツ語では十六種に使い分けています。それと同じようにオールド・イングリッシュも十八種ぐらいに使い分けていたのです。

オールド・イングリッシュにはまた、外来語がきわめて少ないという特徴もあります。その点でも、漢字が入ってくる前の日本の大和言葉に似ています。したがって私は、「オールド・イングリッシュは英語の大和言葉である」といっています（オールド・イングリッシュに興味をもたれた読者は、拙著『講談　英語の歴史』ＰＨＰ新書をお読みください）。

そうしたオールド・イングリッシュ復興とそれに関する研究の誕生を「イギリス国学」と位置づけた研究者は日本にはもちろん、イギリスにもいませんでした。そこで私は独自の視点から入念に研究をつづけ、それを『イギリス国学史』という本にまとめたのです。

オールド・イングリッシュに関する私の研究水準はある点ではイギリス本国の上をいっていると自負しています。

サッチャー首相が飛びついたスマイルズの再評価

ところが日本の英文学者や英語学者はたいてい日本人の研究が本国における研究より優れているはずがないと思い込んでいます。だから私が『イギリス国学史』を上梓《じょうし》したときも、日本人のかなり有名な教授が私の本を書評に取り上げ、「最近出されたエリザベス女王時代のイギリス人の学者の著書が参考文献に掲げられていないのは、いったいどうしたことか」と書いていました。

そのイギリス人学者のその本は私もとっくに読んでいましたが、一行として引用に値する箇所がなかったから引用しなかったのです。それだけの話です。イギリス国学史に関しては私の研究のほうが進んでいるのに、日本の学者にはそこがわからないのです。

書評に反論するのはあまり見映《みば》えがよくないから、そのとき私は黙っていましたが、もし反論するとしたらこういったと思います。――あなたはいま、私が参考文献に掲げなかった本を挙げたけれども、その本のなかで私が取り上げるべき叙述が一行でもあったらそれを教えて欲しい、と。

私の本の書評をした人はケンブリッジに留学した人ですが、日本の学者たちがみな、向こうの研究のほうが優れていると思い込んでいるのは困りものです。

先ほど触れた『ブリタニカ』第三版の補遺の重要性にしろ、ハマトンの再評価にしろ、このイギリス国学史の研究にしろ、私の研究や発見はみな外国の学者に先んじています。

『英文法の起源』というのは私の学位論文で、ドイツで出版された三百ページの本ですが、最初のイギリスの英文法はどうだったのか、それがどう発展してきたのか――ということを研究したものです。それまではただの一点も英語の論文・文献がなかったなかで、私はシュナイダー教授の御指導の下で自分で新しい道を切り開いてきたのです。

こうした体験上、自分がほんとうに知りたいこと、あるいは本心からやりたいと思っていることをつづけていれば、たとえそのテーマが外国に関することであっても、外国の学者の気づかないことに気づき、発見されていないことも発見することができると思います。

スマイルズの*Self-Help*（『自助論《じじょろん》』三笠書房、明治時代の中村正直《なかむらまさなお》訳は『西国立志編《さいごくりっしへん》』）もそうした例のひとつです。

かなり前の話ですが、通産省（現・経済産業省）の「社会構造研究会」の座長をしていたとき、私はスマイルズの『自助論』の紹介をしました。それを受けて、通産省が「自助努力」というスローガンを打ち出したところ、当時のサッチャー首相がそれを知って非常に感銘を受け、イギリスで〝Self-help〟といいだしたのです。そうしてイギリスでもスマイルズの再研究がはじまりました。

私が行ったころは草ぼうぼうだったスマイルズの墓もいまではすっかりきれいになっておりますが、スマイルズも日本人の私が再評価したといえるのではないでしょうか。

日本の「読書人の伝統」恐るべし

日本には昔から凄《すご》い読書家がいました。

江戸時代を見ても、山縣周南《やまがたしゅうなん》という儒者は四書五経（『論語《ろんご》』『大学《だいがく》』『中庸《ちゅうよう》』『孟子《もうし》』の四書と『易経《えききょう》』『書経《しょきょう》』『詩経《しきょう》』『礼記《らいき》』『春秋』の五経）のひとつである『大学』を繰り返し読んでいるうちに、どうも順序がおかしいのではないかと思いはじめた。錯簡《さっかん》があるのではないか、と気づいた。

昔の書物というのは、ご存じのように竹や板の上に文字を書いて、それをヒモで綴《と》じていました。だからヒモが切れればバラバラになってしまいます。すると、それを並べ直してまたヒモで綴じるわけですが、そのとき順序が狂ってしまったものを「錯簡」といいます。

山縣は『大学』にもそうした錯簡があるのではないかといい出したわけです。そこで彼は錯簡があったと仮定して、『大学』の文章を並べ直した。するとその後、シナで昔の『大学』が発見されました。それを見ると、彼が並べ直したものとまったく同じだったというのです。

彼は大学者で、『大学』を徹底的に読み込んでいたから錯簡に気づいたのです。文章の論理だけではなく文の勢いにも目をつけて読んでいたから、シナの学者も気づかなかった誤りに気づいたのでしょう。

このエピソードについては、日本の代表的な中国文学者の吉川幸次郎《よしかわこうじろう》先生が書いていらっしゃいますが、この一事をもってしても江戸時代の儒者、漢学者の実力がいかに恐るべきものであったかがわかると思います。

文献学の分野でも、シナ大陸に無くなったような古典を校訂《こうてい》して出しています。シナは儒教の国ですが、儒教の本を日本の学者のほうがずっとよく調べているという例がすでに江戸時代にあったのは驚くべきことではないでしょうか。

毛沢東《もうたくとう》の時代の中国は「批林批孔《ひりんひこう》」などといって、毛沢東のかつての同志・林彪《りんぴょう》を批判し、また孔子の像を壊したのは有名な出来事です。ところがポスト毛沢東の中国は、孔子批判はまちがいだったと気づいて、いまは世界中に中国語と孔子を普及させようと、各国に「孔子学校」(「孔子学院」ともいう)をつくりはじめています。孔子学校は日本にもできました。でも私からいわせれば、そんなのはチャンチャラおかしい。『論語』の研究など、日本のほうがはるかに進んでいるからです。

面白いことに最近は、「渋沢栄一に学べ」ともいっているそうです。なぜかといえば、渋沢栄一は「『論語』と算盤《そろばん》」といっているからだ、と。

渋沢栄一の『実験論語』（『論語講義』）については第2章の「愛読書について」で紹介しましたが、彼の「『論語』と算盤」説も有名です。――実際（算盤）を離れた学問（『論語』）が無いと同時に、学問（『論語』）を離れた実業（算盤）も無い、という信念から渋沢栄一は「『論語』と算盤」といったわけです。それを知った現代中国の指導者たちが、近代国家をつくった日本の偉人が「『論語』と算盤」といっているのだから、われわれもそれを学ぼうといいだしたのは痛快です。

この渋沢栄一にしても先ほどの山縣周南にしても、われわれの先祖にはほんとうに素晴らしい読書人の伝統があったことを日本人はもっともっと知るべきだと思います。

V 読書と注釈書・関連本

「積ん読」は必要悪

一冊の本を読んでいると、そこに出てくる別の本をどうしても読みたいと思うことがあります。たとえば漱石を読んでいて森鷗外《もりおうがい》が読みたくなることもあれば、哲学の本を読んでいて自然科学のことを教えられ、それを読むようになることもあります。私などもある人の本を読んでいて、「あ、こんなことがあったのか」と知って、新しい分野の本を注文することがよくあります。

これはある意味では恐ろしいことです。なぜなら読書にキリがなくなってしまうからです。本がどんどん増えていき、置き場所にも困るようになる。

しかしそうやって芋づる式に読書の範囲が広がっていくことは自分の視野を広めることになります。読書というのは果てしないものである、という実感にもつながっていく。だからそれを恐れてはいけないともいえます。

私は、新しい興味を覚えたらとりあえず本を買っておいたほうがいいという考え方をしています。たしかに、そうやってとりあえず注文したり買ったりした本が「積《つ》ん読《どく》」の元《げん》凶《きょう》になるわけですけれども、「積ん読」もまた楽しからずや——と思えばいいのです。「積ん読」を全部やめてしまったら読書としては不完全です。「積ん読」はいわば読書の「必要悪」と考えるべきではないでしょうか。

いまもいったように、本を読んでいるとどうしてもその関連本を読みたくなる。それが人情です。あえて人情に逆らうのはよくないし、「積ん読」をしていれば、あとになってその本を開くかもしれない。そうすると、また別の世界が開けてくる可能性があります。そこに何か新しい発見があるかもしれない……。

私の読書体験からいっても、「積ん読」は必要悪、と割り切るのがいちばんいいように思います。

注釈書の思い出

古典を読むときは注釈書が必要になります。

私が注釈書らしきものを初めて読んだのは大学一年生のときでした。香浦・飯《いい》田《だ》伝一《でんいち》先生のクラスで『孟子』を習ったとき、シナの朱子《しゅし》の『集注本《しっちゅうぼん》』を読みました。ところが、ひとつの文章について、一行を二行に割った注しかついていない（割注《わりちゅう》という）。周知のように朱子というのはシナでも有数の大学者ですから、もの凄く詳しい注をつけているのかと思ったら、その程度だったのでちょっとびっくりした記憶があります。

しかし注釈書に接するのは、昔からその勉強してきた人の伝統に接することですから、一種の感動を覚えたことは事実です。注釈書を参照しながら『孟子』を読んだのはたった一年間だけのことですからたいしたことではありませんけれども、私にとってはとてもいい経験になりました。

ついでに記しておけば、私はのちになって吉川幸次郎先生の『論語』（朝日選書）も読みました。すると吉川先生は『朱子集注本』を参照しておられない。吉川先生も大学者ですから、朱子の注釈はあまりにも簡略なので参照するまでもなかったということでしょう。しかし、われわれが本格的に古典に取り組むときは、やはりしかるべき注釈書が必要になってきます。

そこで思い出すのは恩師・佐藤順太先生のエピソードです。

大学時代、夏や春の休みになって鶴岡へ帰ると、私はいつも先生のお宅をお訪《たず》ねしました。そんなある年、学校で若い国文学者の竹下数馬《たけしたかずま》という先生から『伊勢物語《いせ》』（岩波文庫）を奨められたことがあります。竹下先生は東大の助手もなさっていたかたで、教室では江戸文学を講じていらっしゃったのですが、何かの拍子に「『伊勢物語』はいいですよ」といわれたのです。私は文庫本で買ってきて、独力で『伊勢物語』を読み上げました。そして順太先生をお訪ねしたとき、「『伊勢物語』を奨められたので読みました」といったら、「『伊勢物語』を読むなら、キミ、藤井高尚《ふじいたかなお》だよ」とおっしゃって、藤井高尚の木版本《もくはんぽん》を出してこられました。「『伊勢物語』はこれに限ります」といわれるので、その木版本のなかから一冊お借りして無理して読んだことがあります。

読んでみると、江戸時代の注釈というのはもの凄い。五、六十年前のことですから細かいことはほとんど忘れてしまいましたけれども、あまりにもおかしかったのでいまでも覚えているのは第十四段の歌の注釈です。

明けぬれば　きつにはめなむ　くたかけの　まだきに鳴きて　せなをやりつる

問題は「きつ」とは何か、ということです。藤井高尚は「きつ」について延々と書いたあと、「これはどうも桶らしい」という結論を出していました。

――夜も明けないうちにニワトリが鳴いたから私は、朝になったと思い込んで恋人を帰してしまった。夜が明けたらそのニワトリを桶に突っ込んで懲《こら》しめてやろう、というほどの意味ですが、そういう注釈がじつに面白く書いてあったのです。

いまでもこのくだりは面白おかしく訳すようで、作家の田辺聖子さんの現代語訳（『竹取物語・伊勢物語』集英社文庫）を見ても、「くそ、もう、あの腐れ鶏め、夜が明けたら水槽にぶち込んでやるわ」となっています。

そこで私もさっそく藤井高尚の木版本を買い込んできました。藤井高尚の木版本の刺激を受けて、私は大学二年生の時の春休みの前に、信濃町《しなのまち》の小さい古本屋から賀茂真淵《かものまぶち》の『古今和歌集打聴《こきんわかしゅううちぎき》』の木版本を千円で買いました。そして佐藤先生にお目にかけますと――私としては自慢だったのです――先生はにやりと笑って御自分の木版本を出して、私の買ったものと比べて見せて下さったのです。私はアッと驚きました。私の本の頭注は字が太くなってよく読めないのに、先生の版では明瞭《めいりよう》なのです。「これが初版と後刷りの違いだ。後刷りのものは版木がすり減って太くなっているのだ」と言われた。私はこれで書物の「版」というものに開眼したのです。当時の外国文学の日本の学者は、版まで問題にする人はほとんどいなかったのです。私は旧制中学の恩師のお宅で、日本の木版本で教えられたのです。

昔の木版刷りだから読みにくい。ところが最近になって、藤井高尚の注釈を読み下した活字本があるのではないかと、ふと思いつきました。探してみると、やっぱり戦前刊行されていた。そこでインターネットで注文すると、その本は必ず売り切れているのです。だからよほどいい本なのだろうと思いましたが、でもなかなか入手できない。すると、それを知った大蔵書家の谷沢永一先生が最近、ご自分でお持ちのその本を贈ってくださったのです。じつにありがたいことでした。

谷沢先生は近年、江戸時代の儒学を研究なさっていらっしゃいます（たとえば、『日本人の論語〜「童子問《どうじもん》」を読む』ＰＨＰ新書など）が、江戸時代の注と明治以降、現代までの注を比べると、ケタ違いに江戸時代の注釈のほうが優れているそうです。それは藤井高尚の注釈本ひとつで、私にも実感できます。

考えてみれば江戸時代は、自然科学の研究が禁じられていましたから、自然科学の研究はよほどの変わり者しかやらない。それもほんの少しやっていただけで、大部分の学者は朝から晩まで漢学ないし国学を勉強していたわけです。大天才でもそうでした。一日中、徹底的に漢文を読んでいた。だからこそ、前述したように江戸時代の学者は『大学』の錯簡を発見できたわけだし、『論語』を暗記していない漢学者などひとりもいなかった時代だから、当時の注釈本の質はきわめて高いのです。

そこで明治に入ってから、早稲田大学が江戸時代の注釈本を全四十巻ぐらいの全集で出しました。それは私も揃《そろ》えて持っていますが、たしかに素晴らしい注釈です。

VI 読書と辞書・事典

電子辞書より紙の辞書

現在は紙の辞書だけでなく電子辞書など、いろいろ便利なものが出ています。しかしこれも私にいわせれば、従来の辞書がおいしい食事だとすれば、電子辞書はサプリメントのようなものです。

たしかに電子辞書は引くとすぐに意味が出てきます。いちいちページを繰って、「book」であれば、bだ、oだ、oだ、kだといって単語を探さなくても済みます。〝book〟と、キーを叩《たた》けばいいわけですから簡単です。

ところが紙の辞書には電子辞書にはない長所があります。それは、ひとつの単語を引くと、その前後の単語もいっしょに目に入るということです。だから思わぬ発見をすることがあるわけです。

たとえば英語の辞書で、〝nubile《ニューバイル》〟という単語を引くと、その次に〝nubilous《ニュービラス》〟という言葉が出てきます。前者は「結婚に適した」という意味で、後者は「雲に覆われた」という意味です。ほとんど同じようなスペルなのに、なぜこんなに意味がちがうのだろう、という疑問は紙の辞書を引かなければ出てきません。

いまの例でいえば、これはどういうことかと思って探っていくと、〝nub〟という語根はラテン語の〝nubes《ヌベス》〟(雲)という言葉に由来していて、これには「覆う」という意味がある。だから「雲に覆われたような」という意味になるわけです。そして昔は花嫁をヴェールで覆ったから、そこから「花嫁に適した」という意味も派生する。こうして、〝nubile〟が「結婚に適した」という意味になり、〝nubilous〟が「雲に覆われたような」という意味になることがわかるわけです。

電子辞書ではこうはいきません。

実用向けには電子辞書でもいいでしょう。しかし時間があれば、ひとつの単語の前後の言葉が自然に目に入る従来の辞書を使って脇見《わきみ》をしたほうがいい。そうしていると意外な発見もするし、それが精神の栄養になることもあるからです。

前にもいいましたが、ビタミンCだけ摂るのが目的ならサプリメントでもいいでしょう。これが電子辞書です。でも、オレンジを食べれば、ビタミンCだけでなく食物繊維など、ほかの栄養素も摂取することができます。これが紙の辞書の効用です。

同じことは百科事典にもいえます。CD-ROMの百科事典は引くのに便利ですが、引いた項目しか見ません。ところが紙の事典を引いていると、なんとなく隣りの項目が目に入ったり、美しい図版が目についたりするから、ついそれも読んでしまいます。そうしてひとつ新しい知識を仕入れることがあるのです。

自分が欲しい情報以外のもの、ビタミンC以外のもの、それが「味」というものです。その味はアナログの辞書、事典でなければ味わえません。

「戦前」を知るには戦前の『三省堂百科事典』がお奨め

先に『ブリタニカ』第三版の補遺の話をしましたので、ここでは日本語の古い百科事典にも触れておきます。

古い百科事典というのはバカにはできません。それが刊行された当時のいちばん代表的な意見が書かれていることが多いからです。たしかに理科系の項目の場合は、昔の人はこんなに幼稚なことを考えていたのかと呆《あき》れるだけで、さほど価値はないかもしれませんけれども、文科系の項目は絶大な価値があります。

だから私はいまでも、「戦前の三省堂の百科事典があったら是非買うように」と奨めています。これは豪華な百科事典です。

明治の元勲《げんくん》たちが大英帝国へ渡って驚かされたことのひとつは、立派な百科事典があることでした。明治維新は、周知のとおり一八六八年です。したがって当時は『ブリタニカ』の第九版から第十版の時代です。両方とも立派な事典ですから、「日本にもこういうものが必要だ」と痛感して、帰国すると、三省堂に百科事典をつくるよう奨めたのです。

ところが事典というのは、ものすごく時間とカネがかかります。「一」からつくるわけですから、それはちょっと想像を絶するほどの手間と資金が必要です。そこで三省堂も一度傾いた。すると明治の経済界の大立者《おおだてもの》である渋沢栄一以下、財界人が乗り出して三省堂を助けました。そうして完成したのが戦前の三省堂の百科事典です。

これはほんとうに豪華だし、内容も充実しています。日本の戦前についての知識を得ようとしたら、これくらいいい本はありません。

たとえば「教育勅語《きょういくちょくご》」という項目を引くと、教育勅語の全文が載っていることはもちろん、それがどういう経緯でつくられ、どういう翻訳があるか、またその背景にある哲学は何か……そういうことがすべて書かれています。

ところが戦後の平凡社の百科事典になると、「教育勅語」の項目を見ても全文が載っていない。それに対する批判ばかり書いてある。これでは全然役に立ちません。

この一事をとっても、戦前の三省堂版の百科事典はいかに価値があるか、わかると思います。ただし見出し語はみな昔の仮名づかいで書かれていますから、いまの人にはかなり引きづらいという欠点があります。「ちょうちょう（蝶々）」は「てふてふ」で引かないといけない。そういう不便さはありますが、それさえ克服すればこれはもう「宝の山」といっても過言ではありません。

大日本帝国の国威をかけた百科事典ですから、惜しげもなく贅沢《ぜいたく》につくってあります。原色版の挿絵《さしえ》や写真もたくさん載っていますから、見ているだけも楽しくなります。

古本屋で戦前の三省堂の百科事典を見つけたら是非買っておくことをお奨めします。

日本の国語辞典、人名辞典の水準

戦前のイギリスには、世界に誇るべき事典（辞典）が三種類ありました。

ひとつは『ブリタニカ百科事典』。

もうひとつがＤＮＢ（『大英人名辞典』）で、これは十九世紀までで二十二巻刊行されていますから、すごいボリュームです。

三つ目がOED（『オックスフォード英語辞典』）です。

明治の元勲たちがイギリスへ渡って、『ブリタニカ』を見て「日本にもこういうものが欲しい」と思ったことは先に記したとおりです。イギリスにこんな軍艦があるのなら、わが国にも欲しい、と思ったようなものです。

ところが彼らはやはり政治家でした。写真や図版がたくさん入った豪華な『ブリタニカ百科事典』は目についたけれども、国語辞典や人名辞典までは目に入らなかった。そのせいで戦前の日本では本格的な国語辞典や人名辞典をつくろうという動きは起りませんでした。だから日本の国語辞典と人名辞典はずいぶん後れをとってしまったのです。

人名辞典はいまもってイギリスの足下《あしもと》にも及びません。前述したサー・レズリー・スティーヴンがつくったDNBは十九世紀までで二十二巻。その後、二十世紀に入ると、十年ごとに千ページぐらいの巻が追加されています。一九八〇年代になると、五年ごとに一冊追加されるようになりました。さらに二十一世紀に入ると、DNBのあとを受けてオックスフォード出版部がなんと百科事典と同じ大きさで全六十一巻の人名辞典を出版していますす。日本のいちばん大きな人名辞典だって、その十分の一にもならないボリュームですから、人名辞典に関してはまったく月とすっぽんです。

ちなみに、私は毎日ＤＮＢを引いていた時期があります。『英語学史』（大修館書店）という本を書いていたときのことです。英語について何かしら本を書いていたり、発言したりしているイギリス人をひとり残らず調べてみようと思ったからです。そこでＤＮＢを開いて、そうした人々の事跡を調べたわけですが、予想外に大きい収穫がありました。というのは、どんな人がどのようにして英語に関心をもつにいたったのか、またある人が英文法の本を書くときどんな哲学書を読んでいたのか、そしてその人の宗教は何であるか、そういうことまでわかったからです。しかも参考文献まであげてあるので、更に調べることができるのです。

国語辞典は戦後、小学館が大きなものをつくりましたが、初版はダメでした。ダメというより、オックスフォードの英語辞典（ＯＥＤ）の周到さには及びもつきませんでした。すると、だれかそういう指摘をした人がいたのでしょう、第二版はぐっと改善されました。第二版でほぼイギリスの水準に達したといってもよさそうです。

小学館の『国語辞典』の第二版は、日本語を詳しく知りたい人は揃えておくべき辞典です。

第5章

読書各論

I 古典の読み方

古典はまず教室で教えること

古典はやはり、まず教室で教えることが大事です。そうでないと、一生古典に触れる機会がなくなってしまいます。

古典というのは、ほとんどの人が教室で教えられて初めてその良さに気づくものです。それをきっかけに、閑《ひま》を見つけて読みはじめるとか、古典に取り組む志を立てるとか、そういう手順を踏んで親しむようになる。これが一般的だと思います。

その意味で、中学校や高等学校では日本の代表的な古典を教えるべきです。たとえば『万葉集《まんようしゅう》』や『古今和歌集』、あるいは『枕草子《まくらのそうし》』や『奥《おく》の細道《ほそみち》』。ただし『源氏物語《げんじものがたり》』や『平家物語《へいけものがたり》』は長大ですから、これはサワリでいいと思います。それを教えて試験をする。テストをすると内容が頭に入りますから、のちに大人になってから古典を読み返すきっかけにもなります。

私の体験からいっても、学校で教えてもらわなかった古典との接触は非常に少ないように思います。無い、といってもいいほどです。古典のようなちょっとむずかしい読み物は教えられたところからはじまり、そこから徐々に興味が広がっていくのが一般的なのです。私が旧制中学の二年生のとき、戦時中でしたが、漢文は全部『論語』からの抜粋《ばっすい》でした。だから『論語』のサワリは中学二年のときにほとんど読んでいます。そうすると、あとで全部読もうという気にもなります。

日本の古典（古文）についていえば、旧制中学の三年生のときに敗戦を迎えましたから、当然、教科書などありません。日本国中一面の焼け野原です。勤労動員から帰って学校へ戻ったけれどもテキストは何もない。国語の先生も「しようがないなあ」とぶつぶついっておられましたが、「じゃあ、『万葉集』からやるか」ということになり、先生が『万葉集』冒頭の長歌《ちょうか》から黒板に書きはじめました。私たちはそれを紙に写す。そうして国語の授業がはじまりました。

籠《こ》もよ　み籠《こ》持ち　掘串《ふくし》もよ　み掘串《ふくしも》持ち　この丘に　菜摘《なつ》ます児《こ》　家聞《いえき》かな　名告《なの》らさね　そらみつ　大和の国は……

この雄略《ゆうりゃく》天皇の長歌は、そうやって書き写しているうちに、みな覚えてしまいました。そして舒明《じょめい》天皇の「国見《くにみ》の御製《ぎょせい》」を写していたとき、私はジーンときました。

大和には　群山《むらやま》あれど　とりよろふ　天《あま》の香具山《かぐやま》　登り立ち　国見をすれば　国原《くにばら》は　煙立ち立つ　海原《うなばら》は　鷗《かまめ》立ち立つ　うまし国ぞ　蜻蛉島《あきつしま》　大和の国は

とりたてて何を歌っているというわけではありません。直訳すれば——大和にはたくさんの山があるが、そのなかでも優れた香具山に登ってみたところ、里には煙が立っていて、湖には鳥が飛んでいる。いい国だなあ、日本という国は、となります。

その程度のことでも、大和言葉だけでこう詠《よ》んでいき、最後に「うまし国ぞ　蜻蛉島　大和の国は」というところにくると、私もしみじみと、「ああ、いい国だなあ、日本は」という気持になったのです。

私がいた鶴岡は戦争で焼けることはありませんでしたが、日本中の多くの都市が焼かれ、広島、長崎には新型爆弾（原子爆弾）が落とされたことは知っていました。それだけに、「う

まし国ぞ　蜻蛉島　大和の国は」という言葉の響きがジーンときたのです。戦争に敗れて焼け野原になってしまったけれども、日本はいい国なんだと、祖国への思いがしみじみこみあげてきました。

このあたりはまさに言霊《ことだま》の作用としかいいようがありません。だからこそ、あれから六十年以上たったいまもまだ、あのときの感動が甦《よみがえ》ってくるのでしょう。

松尾芭蕉《まつおばしょう》の『奥の細道』は高校時代に全部読みました。たしか『奥の細道』は国語の副読本だったと記憶しております。芭蕉が通った出羽三山《でわさんざん》が私のふるさとの近くにありましたから親近感をもったのです。そのせいで、比較的読みやすかったように思います。

大学では、前述したように『伊勢物語』を奨められて独力で読みあげ、藤井高尚の注釈本まで読みましたし、『源氏物語』もまる一年かけて授業で読んでいます。もっともこれは最初の数巻でその学年は終ってしまいましたが。

こうした私の体験からいっても、古典というのは学校で教えられたことが基礎になっています。学校では、近代文学などというヤワなものではなく、もっと古典を教えていく必要があります。

すべての日本人が古典のサワリを暗記するには――

古典の授業では、先生が概説的に講義をするのではなく、和歌であれば一首一首鑑賞し、物語であればその文章を一行一行解釈していくのがいいと思います。そして有名なサワリの文章は暗記させる。

先生の講義などは、あとで自分で本を読めばわかるわけですから、暗記や文学鑑賞のほうを優先させるべきでしょう。

一例を挙げれば、『太平記《たいへいき》』では有名な「道行文《みちゆきぶん》」を暗唱する。日野俊基《ひのとしもと》が鎌倉へ下向《げこう》するときの道行文は声に出して読み、そして暗記しなければ感じがつかめません。

落花《らっか》の雪に踏み迷ふ、片野《かたの》の春の桜がり、紅葉《もみじ》の錦《にしき》をきて帰る、嵐の山の秋の暮、一夜を明かす程だにも、旅宿《たびね》となればものうきに、恩愛の契《ちぎ》り浅からぬ、わが故郷《ふるさと》の妻《つま》子《こ》をば、ゆくへも知らず思ひ置き、年久しくも住み馴《な》れし、九重《ここのへ》の帝都《みやこ》をば、今を限りと顧みて、思はぬ旅に出《い》でたまふ、心の中《うち》ぞ哀れなる。……

こういう名調子のところは暗記させ、試験のときは右の古文をきちんと訳させるような問題を出す。

その意味でも私は、学校教育における「古典主義」を主張したいと思っています。戦前の小学校の教科書には芭蕉や蕪村《ぶそん》の俳句が載っていましたが、それを読むと自分でもつくってみようかなという気になるものです。たしかに小学生がつくったのでは、「五、七、五」を揃《そろ》えるのが精いっぱいで、「わび」も「さび」も「かるみ」も何もないでしょう。それでも、日本語による短詩型文学の息吹《いぶき》の一端には触れることができます。そこが大切だと思います。

もうひとつ、古典の教育で私がテストや入試を重視するのは、学生時代のその時期が人間がいちばん一所懸命になって勉強するときだからです。それをうまく利用して古典との接触を深めることです。

ただし、あまり欲張るとかえって古典嫌いの生徒を育てることになってしまいますから出題する作品は五点ぐらいに限ったほうがいいと思います。たとえば『奥の細道』と『百人一首』は全文、『徒然草《つれづれぐさ》』は何段までとか、主だった作品に限定して、必ずそのなかから出題するようにする。そうすれば、みな一所懸命に勉強します。そうすればほとんどの日本人が古典のサワリを覚えるようになります。「むかし、をとこありけり……」（『伊勢物語』）とか、「つれづれなるままに……」（『徒然草』）と、日本人みんながいえるようになったら、それはとても素晴らしいことではないでしょうか。

すべての日本人に自国の古典のサワリを覚えさせるには中学校、高校の入学試験を利用すること。これが私の持論です。

ヨーロッパの暗い森のなかにいたゲルマン人の知的レベルが上がり、彼らが文明人になれたのはローマ、ギリシアの古典を学んだからです。そうでなかったら、未開の文明のなかにいた彼らが、ヨーロッパの深くて暗い森林を切り開き、そこに大学や大聖堂《カテドラル》をつくりえたはずがありません。

そこで思い出すのは、ドイツへ留学したとき——ギムナジウム（大学進学をめざす中等教育機関）でラテン語を教えているはずだから、きっと日本における英語の受験参考書のようなラテン語の参考書があるにちがいないと思っていたことです。ところが、行ってみるとそんなものは無い。いくら探してもありませんでした。しばらくして、やっとそのわけがわかりました。向こうには「小ラテン語試験」というものがありますが、これはタキトゥスの*Germania*《ゲルマニア》（『ゲルマーニア』岩波文庫）かシーザーの*Bello Gallico*《ベロ・ガリコ》（『ガリア戦記』岩波文庫）から出題されると決まっていたのです。この二冊からしか問題は出されない。これだけを徹底的に勉強すればいいわけです。あとはそれを説明する文法書を勉強すればいい。

私は、この勉強法はたしかに力がつくだろうなと思いました。やはり古典の伝統のある国はちがう、これは文明国の智恵だ、と感心した覚えがあります。

考えてみれば、昔の日本人も素読《そどく》は四書五経に限り、これを徹底的に勉強していました。あれは非常に優れた勉強法だったのです。五経はともかく、四書だけでも勉強すれば古典が身につくし、実力も上がる。学校はだてに「学舎《まなびや》」を名乗っているわけではないのですから、きちんと古典を教えるべきです。

私の暗記法

私は記憶力が老化しないように、ラテン語の暗記につとめていますので、ついでに私の暗記法もご紹介しておきましょう。

最初に取りかかったのは研究社の『大英和辞典』の巻末についている、英語以外の名文句集でした。大部分はラテン語です。辞書を持ち歩くわけにはいきませんので、そのページだけコピーして暗記をはじめたら、間もなく終ってしまいました。

そこで次は『イギリスの法律格言』（国元書房）にかかりました。「法は知らないことを許さない」とか「法律を破るには法律が必要である」といったように、アングロ・サクソンの法律に関係した格言にはラテン語に由来するものが多いので、この本を選んだのです。これもコピーをして暗記していきましたが、私は「ラテン語の暗記は車中でのみ」と決めていましたから、これには三、四年かかったように思います。

一回終えると、二度目の挑戦にかかりました。二度目はグンとスピードが上るのが自分でもわかりました。したがって、これには三年もかかりませんでした。

そして次はいよいよ『ギリシア・ラテン引用語辞典』の増補版（岩波書店）です。ラテン語の部分だけで八百ページ近い大冊ですが、一回目を終え、いまは二度目の暗記も終ろうとしています。

では、暗記する時間をつくるためにどうしていたかといえば、私は自宅から大学までタクシーを利用することにしました。タクシー代は大学まで約一時間で六千円前後。でも、いまどき家庭教師を頼めば中学生でも一時間一万円ぐらいかかります。大学までのタクシー代をラテン語の家庭教師代と思えばけっして高くはありません。

いま考えても、この「家庭教師」がなかったら八百ページを超えるラテン語の名文句は暗記できなかっただろうと思います。

それだけではなく、オマケもついてきました。ラテン語の名文句を暗記して、そのなかでもとくに気に入ったものに関しては原典に当ることにしていたのですが、そうした名文句に私なりの解説をつけた本を一冊まとめることができたのです。それが『ローマ人の知恵』（集英社インターナショナル）です。

II 小説をどう読むか

Never Let Me Goを読む

第一章で私は、感激すると息がつまって本が読めなくなるといいましたが、カズオ・イシグロの*Remains of the Day*（邦題『日の名残り』）を読んでいるときもそんな体験をしました。最新作の*Never Let Me Go*（邦題『わたしを離さないで』）という本を読んでいるときも息がつまってしまった。

もっとも*Never Let Me Go*は、最初のほうはなんともわけのわからない小説で、「おかしいな、おかしいな」と首をかしげながら読み進めました。

看護師らしき三十一歳の女性の回想が延々とつづられています。とりわけ彼女の十三歳ぐらいのときの思い出が縷々《るる》記されている。初めは、この作家は何を書きたいのだろうと思いました。しかし、何かがありそうなので読みつづけていきました。でも、わからない。「何かある、何かありそうだ」と思うのだけれど、やはりわからない。

しかも、出てくる言葉の意味が、英語学が専門の私にもわからないのです。単語の額面上の意味はわかるのだけれども、真の意味がわからない。

たとえば、"donor"という言葉が出てきます。これは「贈り物をする人」あるいは「臓器提供者」という意味です。しかし十三歳ぐらいの子供に関して"donor"という言葉を頻繁に使うのはヘンだ。"donation"という言葉もよく出てきますが、これはだいたい「寄付」ないし「献体」という意味です。しかも何度も"donation"しているという青年男女が登場する。何度も"donation"、つまり臓器提供するというのはおかしいから、これは何なのか。それから、"possible"という言葉が出てくる。これはどうも、「そっくり似ている人」とか「将来その人になりそうな人」といった感じで使われているけれど、これもよくわからない。"carer"という言葉も出てきて、これは「注意する人」という意味だから「看護人」といったほどの意味かなと思って、日本の英語大辞典を引くとこの単語も出ていない。ただし、OEDで"carer"を引いてみたら「看護師」という意味がありましたから、これは納得しました。

しかし、"possible"はどう探しても小説の説明になるような意味は見つからない。そして、"donation"のほうも前後の文脈からいうと「入院」という意味になるのに、「入院」

という意味はない。

前にも記したとおり、私の書斎にはありとあらゆる英語の辞書が揃《そろ》っていると言っていいでしょう。英語の辞書であれば、古いのも新しいのもある。ところが、"donation"に「入院」という意味を記した辞書はありません。「おかしいな、おかしいな」と思うのも当然でしょう。

そうしてこの小説の五分の四ぐらいのところまで読み進めていったところで、急に目の前に展望が開けました。それでパッとわかった。

この小説は看護師のようなことをしている三十一歳の女性が、ずっと昔の寄宿制小・中学校時代の思い出を語るかたちで書かれているわけですが、その学校というのが、クローンでつくられた子供たちばかりを集めた施設だったのです。

クローンの子供たちですから、彼らは最初からドナーになるためにつくられているのです。だから成長すると、何度でも"donation"のために入院させられる。四回も"donation"して、医師から尊敬されている青年がいるというくだりも出てきます。

しかし読みはじめたときは、登場人物がみなクローンの子供たちだとは思いもよりませんから、単なる病気による「入院」としか受け取れなかったのです。ところが展望が開けてみると、〝possible〟という言葉は前後の脈絡から見て、どうも「クローン人間の原型になった人」らしいとわかってくる。そうすると一挙に、小説を覆っていた靄《もや》が晴れてきます。

あるとき先生がちょっと口をすべらして、「〝donor〟は……」といおうとして止《や》めるシーンが出てきます。そのときのことを三十一歳の女性が思い出している。——彼女がまだ小さいころ、たまたま開《あ》いていた教室へ入って人形と踊ったり歌ったりしていると、それを見た先生が思わず、しゃくりあげるように泣いて立ち去るのです。

それが何を意味しているのか、最初に読んだときはわからない。

ところが、登場するのがみなクローンでつくられた子供たちだとわかると、さまざまなシーンの意味がまったくちがって見えてきます。

クローンでつくられた子供たちは、みないっしょに育てられ、そして年ごろになると〝donation〟させられる。つまり「ドナー」として献体させられる。ただし一部の子供たちだけは〝carer〟、つまり〝donor〟の世話をする人になる。しかし、その世話をする期間は決まっていて、三十歳ぐらいになると必ず〝donation〟にまわされるのです。小説の語り手は三十一歳ですから、しばらくすれば〝donor〟に戻って〝donation〟させられる運命にある。

たとえ一時的に〝carer〟にまわされたとしても、結局は〝donation〟しなければならない。先生にしてみれば、そうしたクローンの子供たちの運命を知っているから、彼ら（彼女ら）が可哀そうでたまらないわけです。「この子たちは、将来はみなバラバラにされて死ぬんだ」ということを知っているから、三十一歳の語り手がまだ小さかったころ、だれもいない教室で無邪気に遊んでいるのを見て、耐え切れなくなって思わず、「あなたがたの将来は……」といいそうになったわけです。

そのあたりのくだりを読んでいて私は、戦争中、少年航空隊の乗員たちを教えていた士官も同じような気持になったのではなかろうか、と思いました。「この少年たちは、自分がどういう運命にあるのか、それを知らずに若く元気に訓練を受けている。しかし彼らは間もなく海の藻屑《もくず》と消えるだろう。必ず戦場で死ぬであろう……」と。そう思った士官も、思わず「貴様らの将来は……」といいそうになったことがあるのではないだろうか、と。

人間を深いところで揺さぶる「小説の力」

いまの世界にはクローン人間はいません。したがってこの小説は、現在ではまったくありえない話を背景にしています。しかしカズオ・イシグロの小説の優れているのは、クローンとしてつくられた子供たちのひとりを女主人公（ヒロイン）にして、読者を惹《ひ》きつける物語をつくりあげたことです。

最初は漠然として靄がかかったような思い出話が、最後のほうへいくと一挙に見晴らしがきくようになり、すべての出来事の意味がみなパッとわかるように書かれている。しかもそれがとても感動的だ。

このクローンの学校では作文や詩も書かせ、絵も描かせています。出来《でき》のいい作品をみな持っていく「マダム」と呼ばれる人も登場します。子供たちはそれを見て、「あれはみんなギャラリーに入るんだ」といっていたけれど、その秘密も次第《しだい》にわかってくるのです。息もつかせないような展開で、読者に深い感動を与えるのはまさに小説の力です。

繰り返しになりますが、女の先生が、ひとり教室で歌をうたったり踊ったりしている子供を見て思わず、しゃくりあげるように泣くシーンの意味がわかったときなどは、息が止まりそうになりました。大袈裟《おおげさ》ではなく、文字どおり息がつまってしまった。

そこが小説の面白さです。

いまはまだ、クローン人間をつくって適当に彼らから臓器を取って本物の人間を生かしていくということは行われておりません。でも、近い将来にはそういうことも起るかもしれない。そんなことを思いながら、クローン人間として生まれ、「ドナー」となっていく子供たちの物語を読むと、思わず胸を打たれてしまうのです。しかもその物語は、当の子供たちの側から書かれているだけに、その「いかんともしがたい宿命」が一層迫真的に感じられるわけです。

そんな情景を読んでいたとき私は、自分の長女の子供時代のことを思い出していました。長女も子供のとき、人形を寝かせつけようとして何かぺちゃくちゃしゃべりかけていました。私は彼女を後ろからそっと寝かせつけながらその寝顔を見ていたわけですが、*Never Let Me Go*を読みながら、そんな情景を思い出していると何ともいえない思いに捉われました。

もちろん私の子供はクローンでも何でもないし、可哀そうなところはどこにもありません。いまは結婚してスイスにいて、パイプオルガンを弾《ひ》いているわけですから、むしろ幸せだというべきでしょう。それでも彼女の子供のころの情景が自然に浮んでくると、いわくいいがたい思いに捉えられました。すると、長男があんなことをしていたとき、次男がこんなことをしていたとき……という具合に、子供たちの小さいころの何ということもない情景が次々に目に浮んでくる。

小説を読みながらそんなことを考えていると私は、お釈迦《しやか》さまのような目で人間を見たら、人間なんて結局、先生の目から見たクローンの子供たちのようなものではないかと思えてきました。カズオ・イシグロの小説は、読者をそういう思いにまで引き込んでいきます。それこそが小説の力なのです。

この話を「情報」として見たのでは、どうということはありません。クローン人間がつくられるようになったら……というちょっとグロテスクな話にすぎません。しかし、小説になるとちがってくる。読んでいる者の息をつまらせるほどの力がある。小説には、人間のいちばん深いところで心を揺さぶる力があるのです。

通俗小説から得た人生訓

そうした小説の読み方ですが、これは、ある作家の作品を読んで面白かったらその人のものを何点かつづけて読むのがいいのではないでしょうか。

私が最近読んで面白かったのは加藤廣《かとうひろし》という人の『信長の棺《ひつぎ》』（日本経済新聞社）でした。もっと古いところでは、谷崎潤一郎や三島由紀夫など、ほとんど読んでいます。もっとも、三島由紀夫を読んだのは遅くて大学の教師になってからのことでした。

私の場合は、どうしても英語の小説が多くなります。前にも触れたように通俗小説も大好きで、通俗小説から古典でも及ばないような人生訓を得たこともあります。

それは、ジョン・オーハーラの『エリザベス・アプルトン』という小説です。フルブライトの招聘教授でアメリカへ行ったとき、ミズーリかミシガンで読んだ本ですが、こんな話です。

ある大学教授が金持ちの女性と結婚している。生活費はほとんど奥さんのほうの資産によっているらしい。だから自分では、好きな絵画などを買い集めている。その大学教授には息子がいて、彼が「ヨーロッパへ留学させて欲しい」といいます。ところが留学させなかった。その息子はあとで何か問題を起すようになる。その息子があとで父親である大学教授を怨《うら》むわけです。「なんだ、しようもない絵画なんか買って。そんなカネがあるなら、あのとき自分をヨーロッパへ留学させてくれればよかったのに」と。たしかに、留学させていたらこの息子もうまくいっていたような感じがするのです。でも留学させなかったために、何か問題を起してしまう……。

ざっとそんな話でした。他愛もないストーリーですが、それを読んで私は「なるほど、そうか」と思いました。子供のために資産を残しても意味がないな、と悟ったのです。

仮に私が、子供たちに音楽教育を受けさせないまま、シコシコ貯《た》めていま死んだとします。息子たちはみなもう四十歳を超えています。そんな年齢《とし》になってから何千万円かの遺産をもらったとして、なにか意味があるでしょうか。ほとんど意味はないと思います。というのも、その年齢になれば人生のコースはもう決まってしまっているからです。四十歳になってから、昔できなかった音楽の道に進もうとしてももう遅すぎるのです。

『エリザベス・アプルトン』を読んだとき、そういうことが見えてきたから、私は子供のためには借金を躊躇《ちゅうちょ》しませんでした。周知のように音楽教育はきわめてカネがかかるから、借金をしなければ、私のような大学教師が子供たちに音楽教育を受けさせることはできません。だから子供たちが「留学したい」とか「高い楽器を買いたい」といったとき、私はためらわずに借金をしました。それが活きたカネの使い方だと思ったわけです。それを今も後悔していません。

私はそういう教訓を通俗小説から学んだのです。

小説は社会を映す

私がなぜ英語の小説をよく読むかというと、英語の小説を通してでなければ知りえないようなことがわかるからです。フィクションですから、英語の小説から得た知識がすべて正確・確実だとはいえません。しかし少なくとも社会学の本を読んでも一向にわからなかったこと（たとえばイギリスの風俗や習慣など）が手に取るようにわかったことは何度もあります。

日本でいえば、源氏と平家の戦いについて知ろうと思って歴史家が書いた本をいくら読んでも、当時の人たちの心情や息吹《いぶき》といったものはなかなか実感できないと思います。ところが『平家物語』を読むと、そのあたりのことは一発でわかります。源平の時代の人々の感情の動きが手に取るように見えてきます。それと同じことが英語の小説についてもいえるのです。

あの漱石がジェーン・オースティンの小説に感激したというのも、当時のイギリス人たちの生活がじつに活きいきと描かれているからだと思います。たとえば彼女の*Sense and Sensibility*（『分別と多感』ちくま文庫）にしても、遺産の話、カネの話がじつに細かく書かれていて、十八世紀から十九世紀にかけてのイギリスの生活がありありと実感できます。またアーノルド・ベネットの*The Old Wives' Tale*（『老妻物語』、邦題『二人の女の物語』岩波文庫）を読んだ西村稠《にしむらしげし》という優れた英語の先生は、「これを読めばごくふつうのイギリスの庶民、町の人たちの背後にある生活がわかる。すると、日本の町のなかを歩きながらも、いま自分が眺めている豆腐屋さんや雑貨屋さん、魚屋さんの背後でもこういうことが起こっているのかなという気がする」という意味の感想を記しています。

小説というのは理屈ではない知識として、外国のことや過去のことがわかるという長所があるように思います。

私の愛読小説

小説には古典で面白いものもあるし、通俗小説で面白いものもあります。

私が残らず読もうと思ったのは松本清張、司馬遼太郎《しばりょうたろう》、藤沢周平《ふじさわしゅうへい》といった作家たちでした。

松本清張さんについては、『昭和史発掘』（文春文庫）を材料にして『昭和史～松本清張と私』（ビジネス社）という本まで書いているだけに、小説もほとんど全作品を読んでいます。鋭い人間観察と非常に巧みなストーリー展開は天下一品だと思います。

藤沢周平さんの作品では『蟬《せみ》しぐれ』（文春文庫）が私の好みです。読んでいて胸がつまりそうになりました。『三屋清左衛門残日録《みつやせいざえもんざんじつろく》』もよい作品です。藤沢さんも現在の鶴岡市の出身ですが、必ずしも郷里が近いから好きだというのではなく、あの端正な作風が好きなのです。『蟬しぐれ』だけではありませんけれども、時代物でありながら青春小説、一流のビルドゥングスロマン（教養小説）になっている作品が多いから、深い感動を覚えるのです。

司馬遼太郎さんも大好きで、ほとんど全作品を読んでいるはずです。

吉村昭《よしむらあきら》さんの作品もかなり読んでおります。ただし、司馬さん、吉村さんともに早い時期に「歴史」に寄りかかるようになります。吉村さんは『戦艦武蔵《せんかんむさし》』（新潮文庫）あたりから史実にのっとって書くようになったし、司馬さんも主要作品は伝記や歴史的事実に尾ひれをつけたような感じになっていきます。小説家なのにイマジネーションよりも史実に寄りかかっているように思えてきます。なにか歴史家が空想をたくしましくしているような感じになって、歴史の面白さは浮き上がるが、小説の特徴が薄れてしまうように思えるからです。

ある意味で、司馬さんの後半生の作品は頼山陽の『日本外史』の伝統に連なるといえるのではないでしょうか。

藤沢周平さんにしても、『白い瓶《かめ》』（『藤沢周平全集』第八巻所収、文藝春秋）という作品は歌人・長塚節《ながつかたかし》の伝記だし、また俳人・小林一茶《こばやしいっさ》の伝記（『一茶』文春文庫）もあります。そして最後は米沢《よねざわ》藩を建て直した名君・上杉鷹山《うえすぎようざん》の史実に忠実な作品でした（『漆《うるし》の実のみのる国』文春文庫）。

こうした傾向は、空想力の衰退のせいなのか、それとも小説を書きつづけていると空想がバカらしく思えてしまうせいなのか。私自身、小説家ではないのでどちらとも断言しかねますけれども、私の趣味からいえば、最後まで空想を貫き通した池波正太郎《いけなみしょうたろう》さんのような書きっぷりに共感を覚えます。池波さんは山田風太郎《やまだふうたろう》さんと並んで稀有《けう》な例だと思います。『剣客商売《けんかくしょうばい》』（新潮文庫）や『仕掛人《しかけにん》・藤枝梅安《ふじえだばいあん》』（講談社文庫）など、亡くなるまでフィクションを書きつづけたのは、やはり凄《すご》い才能というべきです。

III 詩の読み方

詩は知力を高める

詩は、伝統的なものが好きです。島崎藤村《しまざきとうそん》だけでなく古賀政男《こがまさお》の歌謡曲の詞まで好きですが、非常に自由な現代的な詩はあまり好みではありません。英語の詩の場合もやはり同じで、きちんと韻《いん》を踏んだ作品が好きです。詩は音というかリズムがいのちだと思います。だから私はいまでも声を出して英語の詩を読んでいます。声に出して読むと、英語であろうと日本語であろうと、やはりリズムに乗った詩は心地がいいものです。

『老妻物語』を書いたアーノルド・ベネットは、*Literary Taste*（『文学趣味』岩波文庫）という本を書いています。彼は二十世紀最大のイギリス作家といわれています。「二十世紀最大のイギリス作家のひとり」というワン・オブ・ゼムではなく、オンリー・ワンの「二十世紀最大のイギリス作家」といわれる人です。

彼は学校教育を受けていませんけれども、フランスに住んでいたこともあってフランス文学にも詳しく、またベストセラー小説もたくさん書いています。それだけでなく、*How to Live 24 Hours a Day*（『一日二十四時間をどう生きるか』）といった教訓書も書いていて、非常に多才な作家です。私も彼の*How to Make the Best of Life*（『自分を最高に生きる』三笠書房・知的生き方文庫）というエッセイなど、何冊か教訓書を訳しています。

そんなベネットの*Literary Taste*は日本の大学でも教科書によく使われた本です。彼はこのなかで百冊の本を推薦しています。しかも廉価版《れんかばん》の本ばかり挙げていますから、戦前の日本では英文科の学生たちによく読まれたものです。

この大作家であり人生の教育者でもあるベネットがとくに強く奨めているのが詩なのです。「小説は、読み方について改めて説明するまでもない。自分が好きな作品を一気に読み進めればいいからだ」と、そういう意味のことを書いてから、「詩には知力を高める効能がある」といっています。そして「エリザベス・バレット・ブラウニング（ブラウニング夫人）の*Aurora Leigh*（『オーロラ・レイ』）という詩を読みたまえ」と書いています。これは単なる詩ではなく物語としても優れていると、縷々《るる》述べている。

そこで私も*Aurora Leigh*を買ってきて読みましたが、どこがいいかわからない。二度ほど読みましたけれども、それでもわからない。だからまた近々読んでみたいと思っています。ベネットという人があれだけ激賞した詩が面白く感じられないのは、私としても面白くないからです。

私は、大学を定年退職（二〇〇一年三月）してからは、喫茶店へ行ってはそれまで読み残した本を読んでいます。大学で教えているときは英語学が専門ですから、そんなに英文学を読んでいる閑《ひま》がなかったのです。だからいま、喫茶店へ行って漢詩と英語の詩を読んでいるわけですが、定年退職してから読んだ英詩の本を積み上げたら、私の座高の高さくらいになるのではないでしょうか。

いま読んでいるのはアメリカの国民詩人ロバート・フロストの詩ですが、シェイクスピアの*Sonnets*（『ソネット集』岩波文庫）は三回ぐらい読んでいます。ミルトンも、大作の『失楽園』ではないほうの*Paradice Regained*（『復楽園』）を読みました。

たしかに詩を読むと、小説とは全然ちがう、ある種の緊張があります。そこでベネットは「詩は知力を高める」といったのだろうと思います。

和歌・俳句の読み方は萩原朔太郎に学んだ

もちろん、詩は英詩でなくてもかまいません。和歌が好きな人は和歌を読めばいいし、俳句が好きな人は俳句でもいい。それでも詩に特有の、糸がピンと張りつめたような言葉の感覚は十分味わえるはずです。

詩を読む場合は指標があったほうがいいというのが私の考えです。その意味で、私にとって和歌の読み方を教えてくれたのは萩原朔太郎《はぎわらさくたろう》の『恋愛名歌集』（新潮文庫）でした。俳句の読み方を教えてくれたのは、やはり朔太郎の『郷愁《きょうしゅう》の詩人与謝蕪村《よさぶそん》』（岩波文庫）です。

朔太郎のこの本を読むように奨めてくださったのは前にお話しした竹下数馬先生です。『伊勢物語』を奨めてくれたあの先生です。授業のとき「朔太郎の『郷愁の詩人与謝蕪村』は断然いい」とおっしゃられたので読んでみたのです。

萩原朔太郎という人の鑑賞力には感心しました。だから、その次に『恋愛名歌集』も愛読して、好きな歌はノートに書き写して暗記しました。その体験はいまでも私にとって大きな財産になっています。近代日本の詩人では第一人者の朔太郎のような先達《せんだつ》が、「これはいい」と折り紙をつけた上代《じょうだい》の恋愛和歌はさすがに素晴らしいものばかりです。

俳句にしても、芭蕉の良さはだれでもわかるだろうと思いますが、蕪村をあれだけ納得いくように解説する力はたいしたものです。一例を引いておきましょう。

月天心《つきてんしん》貧しき町を通りけり

月が天心にかかつて居るのは、夜が既に遅く更《ふ》けたのである。人気《ひとけ》のない深夜の町をひとり足音高く通つて行く。町の両側には、家並の低い貧しい家が、暗く戸を閉して眠つて居る。空には中秋の月が冴《さ》えて、氷のやうな月光が独《ひと》り地上を照らして居る。ここに考へることは人生への或る涙ぐましい思慕の情と、或《あ》るやるせない寂寥《せきれう》とであるる。月光の下、ひとり深夜の裏町を通る人は、だれしも皆かうした詩情に浸るであらう。しかも人々は未だかつてこの情景を捉へ表現し得なかつた。蕪村の俳句は、最も短い詩形に於《おい》て、よくこの深遠な詩情を捉へ、簡単にして複雑に成功して居る。実に名句と言ふべきである。

この調子で蕪村の俳句を解説してくれるわけですから、私はすっかり朔太郎の愛読者になってしまいました。

すると最近、萩原朔太郎が所蔵していた自著が古本の市場に出たのを知りました。朔太郎のもっていた自著は、お嬢さんである作家の萩原葉子《ようこ》さんの手もとにあったのですが、葉子さんが亡くなったため、どうやら市場に流れ出したらしい。私はさっそく『恋愛名歌集』と『郷愁の詩人与謝蕪村』を買い取りました。萩原朔太郎自身が愛蔵していた本で両書を読み返したいと思ったからです。

和歌や俳句は「永遠のいのち」をもっているのか、時を置いて再読しても若いころの感動がふたたび甦《よみがえ》ってきます。

そこへいくと小説の場合は、こちらが年齢を重ねると、どうして昔あんなに感激したのだろうと思うようなことがあります。漱石の場合でもそうです。

漱石の弟子たちが、漱石作品のなかでいちばん讃《たた》えたのは唯一の自伝的小説といわれる『道草』(岩波文庫など)ですが、いま読み返してみると、これはちょっとバカバカしい。周知のように、養父から借金を頼まれた官立大学の先生が悩みに悩むというのが『道草』の粗筋《あらすじ》です。若いときはそれを読んで、なにか人生の深い問題にかかわっているように感じたものですが、私ぐらいの年齢になると、「それがどうした」といいたくなるわけです。だから漱石の小説は『こころ』もふくめて、いまはあまり読む気がしません。

考えてみれば、漱石がいかに偉い人であろうと五十歳で亡くなっているわけです。いまの私より二十七歳も若いときに亡くなっている。とすれば、私の目から見て彼の体験がたいしたものであるはずがないのです。

ところが漱石の漢詩はちがいます。けっして古びない。漱石の漢詩はいまもって暗唱するに足るし、再読して感激します。俳句もいいと思います。

詩と小説はまったく別物なのです。年齢をとってから読めるような小説はめったに無いけれども、しかし詩や和歌や俳句は、若くて幼稚な人が書いたものでもいいものはいい。このあたりが文学・芸術の不思議なところです。

石川啄木《いしかわたくぼく》など、あんないい加減な男が書いた散文などはバカらしくて読めません。ところが彼の和歌はいい。

詩というのは一定の形式のなかにリズムや情緒や情景や色彩を盛り込んでいるから、それが若い人のものであろうと、千年前のものであろうと、あるいは外国人の書いたものであろうと、優れたものはどこかわれわれ人間の魂を揺さぶるものをもっているのです。

Ⅳ 教養書・洋書との付き合い方

自分の栄養になれば教養書

教養書といわれるものには、昔は「岩波哲学叢書《そうしょ》」がありました。かつての岩波新書や中公新書、講談社現代新書、あるいは『世界の名著』（中央公論社）に代表される哲学や思想書の全集なども、まあ、教養書の範疇《はんちゅう》に入ると思います。

ただし私の場合、「教養書」といったら、大学時代に先生から教えられて読み、それに感激して、その後の人生において座右の書となった本になります。それが第一の教養書だと思っています。

これまで挙げなかったものでは、エーリッヒ・ベッヘルの『哲学入門』という本があります。戦後すぐ、創元社から翻訳が出た上下巻本です。上巻が「認識論」。カント以来、哲学でいちばん中心になる問題といえば認識論ですから、まずこれが第一巻。下巻は「形《けい》而上学《じじょうがく》」。これがまたよく書けているのです。

ベッヘルの『哲学入門』は、上智大学の一年生のときにフランツ・ボッシュ先生が一年間教えてくださいました。

ボッシュ先生というのは、第4章で触れたとおり、「人間とほかの動物とは本質的にちがう。全宇宙や全世界は人間が利用するために神によって与えられたものである」ということを徹底的に教えてくださった先生です。

そのボッシュ先生についてベッヘルの「認識論」と「形而上学」を学びましたので、これで哲学の基礎を身につけることができたと思っています。私はこれまで哲学の本もずいぶん読んできましたが、どんな本を読んでも、その哲学者が何をいおうとしているのかよくわかったのは、ベッヘルの『哲学入門』を読んでいたおかげだと思っています。

だからこの本が、私にとってのほんとうの教養書です。これを教えてくださったボッシュ先生にはいまでもたいへん感謝しております。

このように、ずっと自分のためになっている本こそ「教養書」と呼ぶに値します。

洋書は音読せよ

洋書を読むのは私の本職なので、ほかの人に「真似しろ」とはいえませんけれども、私は自分の好きな文章を毎日音読しています。そうすると、外国語の力も次第についてきます。

音読するわけですから読みつづけなければいけない。すると、途中で意味がわからなくなることがあります。私でもよくそういうことがあります。そんなときは、前に戻って意味をつかむ。そして黙読したり辞書を引いたりして意味をつかんだら、ふたたび音読する。

これを一、二年つづけると、見ちがえるほど力がついてくるはずです。音読しているうちに意味がわからなくなってしまったら、ゆっくり考える。意味がわかったらまた音読する。そのうち音読するだけで意味がわかるようになる。そうなったらたいしたものです。

音読というのは、最も人間らしい特徴である発音器官、いいかえれば言語器官を使うわけですから、外国語を習得するだけでなく、人間的な感覚を養うことにもなります。そのメリットはもの凄く大きい。

その意味で私は、齋藤孝《さいとうたかし》さんの『声に出して読みたい日本語』（草思社）という主張はまったく正しいと思っております。

外国語の上達には洋書を読むだけではなく、外国語の歌をうたうのも効果的です。私の体験にもこんなことがありました。

ドイツ留学時代、向うの学生たちといっしょにバス旅行をしたときのことです。ドイツ人たちはみなで民謡を歌いました。「民謡」と書きましたけれども、向こうの「フォークスリート」にはいずれも楽譜がついていて、日本の民謡とはちょっと感じがちがいます。なかにひとり美人の女性がいて、彼女が歌った「すべての小川が流れるように」という民謡があまりにも素晴らしかったので、私はその歌詞を書いてもらって、その旅行中になんとか歌えるようになりました。

それまで私は歌が苦手《にがて》で、歌うのは好きではありませんでしたから、覚えるのにはだいぶ苦労しました。でも、それがきっかけでドイツの民謡がいくつも歌えるようになると、外国語の歌を覚えることにはメリットがあることに気づきました。

歌詞を覚えるわけですから、外国語の勉強になることがひとつ。

もうひとつは、外国の歌詞（詩）には必ず脚韻《きゃくいん》（ライム）があって、私たち日本人の耳にはなかなかわかりづらかったのですが、ドイツの民謡を歌っているうちにその脚韻が耳のなかではっきり響きわたるようになったのです。これは英文学を専攻する私にとっては革命的な成果でした。というのも、一度ドイツ語の民謡で脚韻に開眼した私は、その後、英詩の脚韻もほぼキャッチできるようになったからです。

声に出して外国の本を読み、外国の民謡や歌をうたうこと——その先には実り豊かな世界が開けています。

付録 無人島へ持って行く十冊

前提条件として――

このテーマで思い出すのはケーベル先生の言葉です。
ケーベル先生は明治時代の東大に哲学の先生として招かれた人ですが、音楽にも優れていて、上野の音楽学校（現在の東京芸大）ではピアノを教えていました。芸大ではピアノ、東大では哲学を教え、哲学科の学生たちからはそれこそ「神さま」のように尊敬された人です。漱石もこう書いています。

文科大学へ行って、此処《ここ》で一番人格の高い教授は誰だと聞いたら、百人の学生が九十人迄《まで》は、数ある日本の教授の名を口にする前に、まずフォン・ケーベルと答へるだらう。（「ケーベル先生」『漱石全集』所収、岩波書店）

そんなケーベル先生の本（『ケーベル博士随筆集』岩波文庫）のなかに、無人島へ行くとしたらどんな本を持っていくか、というくだりが出てきます。そこでケーベル先生は何と答えたか――。

この選択はもちろんどれだけ長く無人境に住むかといふことに依つて変つて来る。今仮りに一年間として見よう。然らば私は先《ま》づ第一に、聖書とトーマス・ア・ケムピスとを旅行鞄の中に入れるであらう。それに次いではゲーテのファウスト、ホメロス、リュッケルトの『婆羅門《バラモン》の智恵』、ドン・キホーテ、ニーチェのもの二三冊とハイドン及びベートーヴェンの弦楽四重奏の小判の総譜本を。これだけあれば、私は一年間を――なほそれ以上も――過すに充分なるのみならず、また「世間」が恋しくなるやうなことは少しもなからうと思ふ。

かつてこのくだりを読んだとき、「ハイドンとベートーヴェンの楽譜をもっていく」という回答がとても印象的でした。ちょっと意表をつかれた回答だったからです。
たしかに、楽譜が読める人なら、好きな曲の総譜がありさえすれば本などよりずっと楽しいだろうなと思います。残念ながら、私にはそんな芸当はできません。

また、「持って行く本」といっても、無人島のある場所によってずいぶんちがってくるのではないでしょうか。暑い島へ行くなら、本など読まなくても時間は十分つぶせそうです。ところが寒くて外に出られないような島であれば、これは本でも読んでいないと時間がつぶせません。

また、ケーベル博士も書いているように、無人島にいる期間にもよると思います。十年ぐらいいるのと一年ぐらいでは選択する本もかなりちがってくると思いますので、私も滞在期間を「十年間」と「一年間」に分けて、持って行く本を選んでみましょう。

「私の十冊」《十年間、無人島にいなければならないとき持って行く本》

▼本居宣長《もとおりのりなが》『古事記伝《こじきでん》』（岩波文庫）

『古事記』というのは書かれた時から読みにくい本だったらしく、写本も少ない。それを宣長ははじめて読み解いた。オカルト的センスや古代日本語に対するオカルト的洞察がなければ不可能だったはずです。それをゆっくり追体験してみたい。

▼契沖《けいちゅう》『万葉代匠記《まんようだいしょうき》』（『契沖全集』所収、岩波書店）

『万葉集』には天皇や皇后の歌と並んで防人《さきもり》や旅の売春婦の歌まで入っています。西洋に「神の前の平等」があるとすれば、わが国には「和歌の前の平等」があります。それを伝える『万葉集』についての、江戸時代の優れた注釈本。

▼幸田露伴『評釈芭蕉七部集』（『露伴全集』所収、岩波書店）

近代で初めて全巻通して『芭蕉七部集』に注を下した書。

ドイツへ留学したとき、向こうで淋《さび》しくなったら読もうと思って「猿蓑《さるみの》」（『芭蕉七部集』所収、岩波文庫）をもっていったくらい芭蕉好きなので、露伴のこの評釈は時おり読み返しています。「冬の日」「春の日」の評など、故事来歴《こじらいれき》を踏まえた露伴の博引旁証《はくいんぼうしょう》が冴《さ》えています。

▼ウォーレスの著書：たとえば、*Darwinism*（『ダーウィニズム』）、*Is mars habitable?*（『火星に人は住めるか』）

人間は二回の不連続的飛躍があって今日あると思う。それを最もよく理解していた人の本をもう一度読み直したい。

▼アレキシス・カレル *Tagebuch eines Lebens*（『日記と断片』）

カレルが二十歳のころから亡くなるまで、頭に浮んだアイデアや意見を書き留めたもの。パスカルの『パンセ』に通じる書。断片のままなので、かえって鋭く、カレルが青年時代に考えたことがどのようにして『人間——この未知なるもの』にまとまっていくかがわかって面白い。

断章をひとつずつ読んでは知的興奮を体験したドイツ留学時代の日々を懐かしく思い出します。

▼三宅雪嶺《みやけせつれい》『宇宙』（実業之世界社）

大インテリの木村毅《きむらき》が「雪嶺を愛読するようになれば読書家である」と折り紙をつけた三宅雪嶺の大著。知識の上で教えられるところがじつに多かった本。

日本の本格的な哲学文献として、もっと後世に伝えられるべき書であると思います。

▼エーリッヒ・ベッヘル『形而上学』（創元社）

前述したとおり、私の哲学的教養の基礎をつくってくれた本です。

▼岩下壮一『カトリックの信仰』（講談社学術文庫）

岩下壮一は東大を出た大秀才で、語学力も抜群。留学から帰ると東大に戻るだろうと思われていましたが、カトリックの神父になって帰国しました。

この本は、東大のカトリック研究会の学生を前にして行った講演がもとになっているので読みやすく、しかも西洋思想の真の姿を舞台裏から明らかにしてくれます。「カトリック」というタイトルがついているため、カトリックの少数のインテリにしか読まれていないようですが、日本人の西洋理解には絶対に欠かせない書です。

▼イギリスの詩集Golden Treasury

ヴィクトリア朝にできた詩集で、その編集の基準が実によい。何度ここにもどってきてもよい本だと思う。

▼『唐詩選』（岩波文庫）

漢詩の量は厖大だが、後世のものは故事来歴への言及がうるさい。詩としてならこれで十分と江戸時代の人が考えたのに同感する。

この十冊ぐらいあれば、無人島にいても十年はもつかなと思います。

しかし、もっと期間が短いのであれば――、

《無人島に一年間いるとき持って行く本》

▼『藤村詩集』（新潮文庫）

若い頃に感激したことを、もう一度。

▼幸田露伴『幽秘記《ゆうひき》』（『露伴全集』所収、岩波書店）

ゆっくり、もう一度読みたい。

▼『新約聖書』（日本聖書刊行会）

もう一度、イエスの言葉を味わいたい。

▼『孟子』（岩波文庫）

あの議論のやり方を学び直したい。

▼岡谷繁実《おかのやしげざね》『名将言行録《めいしょうげんこうろく》』（ニュートンプレス）

怠屈させないでくれよう。

▼セネカのラテン語の注釈本

孤島でも暗記を続けたい。そのための最適書。

▼マコーレーHistory of England（『英国史』）

何度でも、毎朝、音読したい。

▼パスカル『パンセ』（中公文庫）

読み返すたびにいろいろ考えさせられる。

▼シェイクスピアSonetts（『ソネット集』岩波文庫）

イギリスの詩人の一冊を選ぶとすれば、何といってもこれだ。

▼ハーバート・スペンサーの社会学関係の書（『世界の名著』「コント・スペンサー」参照、

中央公論社）

この頃、スペンサーはやっぱり最大の哲学者だったのではないかと思うようになった。ラフカディオ・ハーンはスペンサーに熱中し、そのためチェンバレンと仲が悪くなったくらいだ。もう一度、ゆっくり読んでみたい。

●著者略歴
渡部昇一（わたなべ・しょういち）
上智大学名誉教授。1930年、山形県生まれ。1955年、上智大学大学院修士課程修了。ドイツのミュンスター大学、イギリスのオックスフォード大学に留学。ミュンスター大学哲学博士（1958年）、同大学名誉哲学博士（1994年）。深い学識に裏打ちされた鋭い評論で知られる。第24回エッセイストクラブ賞、第1回正論大賞受賞。専門書のほかに、『知的生活の方法』『自分の壁を破る人、破れない人』をはじめ多数の著作があり、ベストセラー、ロングセラーを続けている。最新刊に『日本人の遺伝子』（ビジネス社）などがある。

編集協力／松崎之貞

知的読書の技術

2016年9月2日　　第1刷発行

著　者　渡部昇一
発行者　唐津　隆
発行所　株式会社ビジネス社
〒162-0805 東京都新宿区矢来町114番地
神楽坂高橋ビル5階
電話 03(5227)1602　FAX 03(5227)1603
http://www.business-sha.co.jp

カバー印刷・本文印刷・製本/半七写真印刷工業株式会社
〈カバーデザイン〉上田晃郷　〈本文DTP〉茂呂田剛(エムアンドケイ)
〈編集担当〉本田朋子　〈営業担当〉山口健志

ISBN978-4-8284-1905-3